Erich M. Posch

Alles, was Sie über Österreich wissen müssen

UEBERREUTER

ISBN 978-3-8000-7348-1
Covergestaltung: Thomas Esterer, www.bueroesterer.com
Coverfoto: © Carlo T. / fotolia.de
Copyright © 2008 by Verlag Carl Ueberreuter, Wien
Druck: Druckerei Theiss GmbH., A-9431 St. Stefan i. L.
7 6 5 4 3 2 1

Ueberreuter im Internet: www.ueberreuter.at

Inhalt

WIEN

NIEDERÖSTERREICH

DAS BURGENLAND

OBERÖSTERREICH

SALZBURG

TIROL

VORARLBERG

Die ersten Texte dieses Buches habe ich für einen Deutschkurs für Zu-
wanderer geschrieben, damit sie etwas über uns, unser Land und unsere
Geschichte erfahren, und zwar mehr als nur trockene Fakten.

Daraus ist mittlerweile ein »vielseitiges« Lesebuch geworden, das für
alle Österreicher interessant sein sollte –wie meine Frau und mein Ver-
leger meinen. Ich eigentlich auch.

Mödling, im Herbst 2007   *Erich M. Posch*

Österreich

Die Republik Österreich

=

»Österreich ist eine demokratischen Republik. Ihr Recht geht vom Volk aus.« So steht es in der Proklamation vom 12. November 1918, mit der die Republik Österreich ausgerufen wurde. Bis dahin ging das Recht vom Kaiser aus und die Mitsprache des Volkes lag in seinem Ermessen.

Den Ersten Weltkrieg hatte Österreich-Ungarn 1918 verloren. Die Ungarn, die Tschechen und Slowaken, die Polen, die Kroaten, Slowenen (und Serben) gründeten ihre eigenen Staaten. Von einem Vielvölkerstaat von mehr als 50 Millionen Einwohnern blieb ein kleines Land übrig – Österreich.

Österreich besteht aus neun Bundesländern: Wien, Niederösterreich, Burgenland, Steiermark, Kärnten, Oberösterreich, Salzburg, Tirol, Vorarlberg. Jedes Bundesland hat seinen eigenen »Landtag« (Parlament) und eine eigene Landesregierung, an deren Spitze der Landeshauptmann steht.

Die Geschäfte der Republik erledigt die Bundesregierung mittels der Ministerien (Außenministerium, Innenministerium, Sozialministerium usw.). Sie führen die Gesetze aus, die das Parlament erlässt. Es besteht aus dem Nationalrat und dem Bundesrat. Die Abgeordneten werden alle fünf Jahre in geheimer und direkter Wahl gewählt.

Der Bundespräsident ernennt und entlässt die Regierung, erklärt Krieg und schließt Frieden und ist damit auch Oberbefehlshaber des Heeres.

Die Verwaltung (Führerscheine, Gewerbesachen usw.) besorgen die Bezirkshauptmannschaften.

Volksschulen und Kindergärten, die Kontrolle von Neubauten, die Kanalisation, die Wasserversorgung usw. sind Sache der Gemeinden, die ein Bürgermeister und der Gemeinderat leiten.

Land der Berge

===

Zwei Drittel der Fläche Österreichs liegen in den Alpen. Nur das March-feld, der Seewinkel im Burgenland, das Grazer Becken und das Gebiet zwischen dem Wienerwald, dem Leithagebirge und dem Steinfeld sind einigermaßen eben. Von wo man auch schaut, sieht man Berge.

Der höchste Berg ist der Großglockner (3798 m) in den Hohen Tauern und der niedrigste der Bisamberg bei Wien (358 m); oder der Braunsberg bei Hainburg? – oder der Buchkogel im Leithagebirge? – darüber lässt sich streiten. Vielleicht findet sich ein Berg, der noch niedriger ist. Der nördlichste Aussichtsberg der Alpen ist unbestritten der Tempelberg (403 m) bei Altenburg am Donauknie, von wo die Sicht bei klarem Wetter bis zum Böhmerwald und den Weißen Karpaten reicht.

Während man die Alpen lange nur als Sitz böser Geister oder als Verkehrshindernisse betrachtete, wurden sie im 19. Jahrhundert zum Spielplatz für Geografen, Entdeckungsreisende, Bergsteiger und Alpinisten. Der deutsche und österreichische Alpenverein, später auch die Naturfreunde und andere alpine Vereine, markierten Wanderwege, bauten Schutzhütten und legten gesicherte Klettersteige an.

Durch den Wintersport kam es zu einer weiteren Erschließung der Alpen: 260 Seilbahnen und unzählige Lifte wurden gebaut, die die Ski-fahrer bis zu den Gletschern hinaufbringen. Bis dahin fast unberührte Gebiete wurden so zu Tummelplätzen nicht nur vieler Österreicher, sondern auch vieler ausländischer Gäste und Sportler.

Land am Strome

Der Strom – damit ist die Donau gemeint. Sie verbindet Österreich mit dem Schwarzen Meer und über den Rhein-Main-Donau-Kanal mit dem Ruhrgebiet und der Nordsee. 25 Prozent aller bei uns verkauften Autos werden auf der Donau angeliefert.

Aber auch für Schiffsreisen ist die Donau ein lohnendes Ziel: Von Passau kann man bis Linz und Wien fahren, von Wien nach Pressburg sogar auf schnellen Tragflügelbooten; Kreuzfahrtschiffe fahren regelmäßig von Wien nach Budapest und bis zum Schwarzen Meer.

Man kann die Donau aber auch mit dem Fahrrad begleiten: Die alten Treppelwege (auf denen Pferdegespanne die Schiffe flussaufwärts zogen) wurden zu Radwegen umgebaut. Die Gasthäuser entlang der Donau freuen sich über neue Gäste.

Der schönste Teil des Donautals ist wohl die Wachau. Sie beginnt beim Stift Melk, einem großen Kloster hoch über der Donau, und endet bei der Stadt Krems. Wenn man von Melk stromabwärts fährt, liegen rechter Hand die Hügel und Wälder des Dunkelsteinerwalds, linker Hand Weingärten, die auf steilen Terrassen angelegt sind.

Bevor sie Wien erreicht, muss die Donau noch das östliche Ende der Alpen umrunden und bei Hainburg muss sie sich an den Karpaten vorbeizwängen. In Wien zweigen von der Donau der Donaukanal und die »neue Donau« ab, die erst vor 20 Jahren als Hochwasserschutz ausgehoben wurde. Damit wurde auch die Donauinsel geschaffen, ein 20 km langes Erholungsgebiet mit Badestränden, Spielwiesen, Parkanlagen und Gaststätten – mitten in der Großstadt Wien.

Land der Äcker

Eigentlich hätte man Österreich auch »Land der Wiesen« nennen können – insgesamt gibt es hier mehr Wiesen als Äcker. Aber beim Wort Acker denkt man an den Menschen, der im Schweiße seines Angesichts gräbt, pflügt, sät, jätet, wartet und betet, dass ihm der Hagel nicht die Ernte zerschlägt; der schließlich mäht und drischt, klaubt, keltert und pflückt; der also erntet, während das Vieh auf der Weide nur herumsteht, glotzt und frisst.

Natürlich macht das Vieh auch Arbeit, es muss ja gefüttert werden; Ställe müssen ausgemistet, Pferde gestriegelt und die Kühe gemolken werden. Die Wiesen werden zwei- bis dreimal im Jahr gemäht, und das Heu muss gewendet und getrocknet werden, bevor es eingefahren werden kann.

Leicht haben es unsere 220 000 bäuerlichen und landwirtschaftlichen Betriebe nicht. Mehr als die Hälfte der Bauernhöfe liegt im Bergland. Dort ist es oft so steil, dass die Wiesen mit der Sense gemäht werden müssen, auch wenn fast jeder Hof mindestens einen Traktor besitzt. Fast zwei Drittel aller Höfe, im Burgenland sogar drei Viertel, werden im Nebenberuf bewirtschaftet. Die Hälfte der Betriebe ist kleiner als 10 ha, nur 2900 Höfe besitzen 200 ha oder mehr.

Angebaut werden Weizen, Roggen, Hafer und Gerste, Kukuruz (Mais), Erdäpfel und Zuckerrüben, Sonnenblumen und Raps (der zu Speiseöl, aber auch zum Treibstoff Biodiesel verarbeitet wird), und Kürbisse, aus deren Kernen das Kernöl gepresst wird; Luzerne und andere Futterpflanzen, Salat, Paradeiser (Tomaten), Kraut, Radieschen und viele andere Gemüsearten.

Land der Dome

=

Die höchsten Bauwerke unserer Städte und Dörfer sind zumeist die Kirchen. Die größte Kirche Österreichs ist der Stephansdom in Wien, ein dreischiffiger Hallenbau mit gotischem Netzgewölbe. Begonnen wurde der Bau 1304, fertiggestellt wurde er 1540. Allerdings wurde nur ein Turm, der sogenannte »Steffl«, vollendet: Mit seinen 137 m war er bis ins 20. Jahrhundert das höchste Bauwerk Österreichs. Der Nordturm blieb ein Torso. Die Dome der anderen Städte (z. B. in Graz oder Salzburg) sind nicht viel kleiner und auch die der Bischofssitze Gurk oder Seckau, Wallfahrtskirchen wie Mariazell und die Kirchen vieler Klöster (z. B. Neuberg an der Mürz oder St. Florian bei Linz) haben entsprechende Ausmaße. Und große Kirchen gibt es selbst in kleinen und kleinsten Dörfern.

Die alten Kirchen Europas, vor allem die Dome und Kathedralen geben in zweifacher Hinsicht Rätsel auf: Diese riesigen Bauten wurden ohne fundierte statische Berechnungen, ohne Computer, ja sogar ohne detaillierte Zeichnungen geplant und mit Schaufel, Krampen, Maurerkelle, Hammer und Meißel und nur mit Flaschenzügen, ohne Baumaschinen oder Kräne errichtet. Und zweitens versteht man bis heute nicht, wie sie finanziert wurden: Die Kosten heutiger Bauwerke kennen wir, sie gehen immer in die Millionen. Aber im Mittelalter, wo die Leute kaum das Notwendigste verdienten?

Der deutsche Historiker Ferdinand Seibt hat vielleicht die Antwort gefunden, wenn er sagt: Die Kirchen wurden nicht für das Volk, sondern für Gott gebaut ...

Land der Hämmer

Um aus einem Stück Eisen ein brauchbares Werkzeug zu machen, muss man es schmieden: Es wird im Feuer zum Glühen gebracht und dann mit einem Hammer bearbeitet. Eisen ist erstaunlich formbar und kann zu Messern und Gabeln, leider aber auch zu Schwertern und Kanonen verarbeitet werden.

Da in Österreich an vielen Stellen Eisenerz gefunden und verhüttet wurde – am Erzberg in der Steiermark, in Hüttenberg und auf der Turrach in Kärnten –, entwickelte sich hier gleichzeitig das Schmiedehandwerk. Um schneller und umfangreicher zu produzieren, wurden die Hämmer bald durch Wasserräder angetrieben. Aus Schmieden wurden Hammerwerke.

Die ältesten noch bestehenden Hammerwerke in Österreich, freilich modernisiert und auf den letzten Stand der Technik gebracht, finden sich in Kärnten, in der Steiermark und in der Eisenwurzen. Im Hammerwerk Johann Offner in Wolfsberg (gegründet 1707) werden heute noch Sensen, Heugabeln und Schaufeln geschmiedet, von denen der größte Teil exportiert wird. In Thörl in der Steiermark erzeugt die Firma Pengg Schneeketten und in Kindberg Pflüge.

Andere Hammerwerke entwickelten sich zu Industriebetrieben: Böhler-Uddeholm in Kapfenberg ist der größte Edelstahlerzeuger der Welt, die Voest in Linz ist in Blechen für die Autoindustrie führend und Schoeller-Bleckmann in Ternitz in Erdölausrüstungen, um nur einige zu nennen.

Österreich ist heute ein bedeutendes Industrieland – eben jenes »Land der Hämmer«, von dem in unserer Nationalhymne die Rede ist.

Land der Wälder

Der Wald ist längst nicht mehr nur ein romantischer Ort, wo muntere Rehlein herumspringen, oder eine mystische Stätte, wo Zwerge und Feen ihr neckisches Unwesen treiben. Natürlich kann es im Wald noch immer romantisch sein, überhaupt in Österreich, wo jeder das Recht hat, Wälder zur Erholung frei zu betreten.

Österreich ist fast zur Hälfte mit Wäldern bedeckt und ihr Anteil nimmt stetig zu. Almen, die nicht mehr bewirtschaftet werden können, werden von Gebüsch und Wald überwuchert. Und im Gebirge müssen jene Wälder erhalten bleiben, die vor Muren und Lawinen schützen sollen.

Der häufigste Baum ist die Fichte. Die ihr ähnliche Tanne kommt seltener vor. Föhren wachsen vornehmlich auf den Trockenböden Ostösterreichs, Laubbäume wie Buchen, Hainbuchen, Erlen und Eichen im Hügelland der Voralpen.

Der Wald ist ein wesentlicher Wirtschaftsfaktor. In Österreich werden jährlich an die 20 Millionen Festmeter Holz geschlägert und zu Bauholz, Spanplatten, Möbeln oder Papier und Zellulose verarbeitet. Schnittholz (Bretter) wird auch exportiert, vor allem nach Italien und in andere Mittelmeerländer.

Wälder müssen gepflegt werden. Dazu gehört auch die Jagd. Um den Jungwald vor Wildverbiss zu schützen, muss die Anzahl von Wildschweinen, Hirschen, Rehen usw. begrenzt werden. Und seit der fortschreitenden Entschwefelung von Benzin, Diesel und Rauchgasen ist auch das »Waldsterben« durch »sauren Regen« (schwefelhaltiger Rauch verbindet sich unter Ozoneinfluss zu schwefeliger Säure) kein großes Problem mehr.

Land der Seen

Wer nach Österreich auf Urlaub fährt, kommt meistens zum Skifahren hierher oder zum Baden. Österreich liegt nicht am Meer, besitzt aber zwei Dutzend größerer Badeseen, deren Strände zusammengerechnet eine Länge von über 500 km ergeben. Davon sind 200 km natürliche, für jeden frei zugängliche Ufer – man muss sie nur finden. Wo die Ufer verbaut sind, haben aber viele Gemeinden eigene Strandbäder und Badeanlagen errichtet.

Leider sind die österreichischen Badeseen nicht gleichmäßig über das Land verteilt; ungefähr die Hälfte liegt im Salzkammergut (Attersee, Mondsee, Wolfgangsee, Traunsee und ein halbes Dutzend kleinerer Seen), die andere Hälfte in Kärnten (Wörthersee, Ossiacher See, Weißensee, Millstätter See und ein paar andere). Da sind die Bergseen im Hochgebirge und die Stauseen der Kraftwerke gar nicht mitgerechnet.

In den letzten Jahren sind noch etliche Schotterteiche hinzugekommen, das sind Kies- und Schottergruben, die sich mit Grundwasser gefüllt haben. Deren Ufer hat man aber meistens – gewinnbringend – an sogenannte »Häuslbauer« verkauft, die dort nicht nur Ferienwohnungen, sondern ganze Wohnsiedlungen hingebaut haben.

Österreich hat auch Anteil an großen internationalen Binnengewässern wie dem Bodensee und dem Neusiedler See. Der Bodensee ist ein kalter Gebirgssee und eher zum Segeln als zum Baden geeignet (durch ihn fließt der Rhein, der dort noch ein Gebirgsfluss ist). Der Neusiedler See ist ein seichter und stark verschilfter Steppensee; seine größte Tiefe beträgt etwa 2 m.

Söhne und Töchter Österreichs

Die Kapitelüberschriften »Land der Berge«, »Land am Strome«, »Land der Äcker«, »Land der Dome«, »Land der Hämmer« habe ich der österreichischen Bundeshymne entnommen (und die nachfolgenden Titel »Land der Wälder« und »Land der Seen« hinzugefügt, sie passen gut dazu). Niedergeschrieben hat diese Hymne Paula von Preradović, eine große österreichische Dichterin, und dann weiter: »Heimat bist du großer Söhne, Volk begnadet für das Schöne, vielgeliebtes Österreich!«

1805 hat Joseph Haydn die Kaiserhymne komponiert, zu der Lorenz Leopold Haschka den Text geschrieben hat (»Gott erhalte Franz, den Kaiser ...«), und die von allen Völkern Österreichs übernommen wurde (»Zachovej nám Hospodine ...« die Tschechen, was auch »Gott erhalte ...« heißt, oder »Bog obrani, Bog obvari« die Slowenen usw.).

Nach dem Fall des Kaiserhauses musste sich die Republik eine neue Hymne suchen, und so kam man auf »Sei gesegnet ohne Ende, Heimaterde wunderhold ...«, Text von Ottokar Kernstock, zur Melodie der Kaiserhymne, die dann aber auch von den Deutschen für ihre Nationalhymne übernommen wurde (»Deutschland, Deutschland über alles ...«).

Und diese Hymne wollten wir nach dem Krieg nicht mehr hören. Eine neue Hymne musste her: die Melodie ist von Wolfgang Amadeus Mozart, der Text von der Preradović. Strittig ist dabei die »Heimat großer Söhne«, weil da ja auf die Töchter vergessen wurde. Aber auf Töchter reimt sich halt nichts, schon gar nicht irgendeine Kollektivbezeichnung. Unsere Töchter sind eben alle einzigartig, daran hat auch unsere Bundeshymne nicht zu rütteln!

Unsere Sprache

Deutsch

»Deutsch ist unsere Muttersprache und Österreich unser Vaterland« – so hat Bundeskanzler Julius Raab unsere Sprache und unsere Nation kurz und bündig definiert. Wir sprechen Deutsch, aber wir sind keine halben Deutschen, sondern ganze Österreicher.

Unser Deutsch gehört zum bajuwarischen Zweig der deutschen Sprache, die ja auch viele andere Dialekte kennt, wie das Sächsische, das Berlinerische usw. Es wird weniger hart ausgesprochen und macht keinen Unterschied zwischen »harten« und »weichen« Mitlauten – das *P* in *Puppe* klingt genauso wie das *B* in *Butter*. Das *S* am Wortanfang ist stimmlos und *Sonne* und *Salat* werden daher wie *Ssonne* beziehungsweise *Ssalat* ausgesprochen.

Uns unterscheidet nichts so sehr von den Deutschen wie die gemeinsame Sprache, wie es der österreichische Dichter und Satiriker Karl Kraus treffend formuliert hat. Man braucht kein österreichisch-deutsches Wörterbuch, aber bei uns heißt der sechste Wochentag »Samstag« und nicht »Sonnabend«, und wir verzehren unsere »Jause« (die *južna* – aus dem slawischen *jug* für »Süden«) dann, wenn die Sonne genau im Süden steht und es Zeit für eine Mittagspause ist.

Von den vielen Völkern der österreichischen Monarchie haben wir zahlreiche Fremdwörter in unseren Wortschatz aufgenommen wie »Keusche« (Hütte) aus dem Slowenischen, »Powidl« (Pflaumenmarmelade) aus dem Tschechischen oder »Kukuruz« (Mais) aus dem Ungarischen.

Bei uns gibt es verschiedene Dialekte: das Wienerische, das Steirische usw. Aber die unterscheiden sich mehr nach der Aussprache als nach dem Wortschatz.

Grüß Gott in Österreich!

Ich weiß nicht, ob sich die Tiere untereinander einen Guten Tag wünschen. Wir leben ja auch nicht dort, wo sich Fuchs und Hase Gute Nacht sagen, und unter uns Menschen ist es üblich, einander einen *Guten Morgen*, einen *Guten Tag*, einen *Guten Abend* oder auch eine *Gute Nacht* zu wünschen. Wir sagen das vielleicht auch nur mit einem *Grüß Gott*, womit wir eigentlich dem anderen den Segen Gottes erbitten.

Unter Freunden und Bekannten (die man duzt) kann man sich auch mit einem herzlichen *Servus* begrüßen, was so viel wie »ich bin dein Diener« bedeutet, aber eher salopp wirkt. Frauen sagen daher lieber *Grüß dich!* Der Volksschauspieler Heinz Conrads begrüßte die Zuseher seiner Fernsehserie immer mit »Guten Abend die Madeln (Mädeln), Servus die Buam (Buben)« und kam damit bei den Herren wie bei den Damen gut an. Diese begrüßt man bei uns auch mit *Küss die Hand*, was man aber öfter sagt als tut. *Ich begrüße Sie* ist steif und eigentlich nur unter Geschäftsleuten üblich.

Zu Mittag wünschen wir einander eine gute *Mahlzeit!* und zum Abschied sagen wir *Auf Wiedersehen* oder *Auf Wiederschauen*, und wenn wir dabei auch den Segen Gottes erbitten wollen, *Pfiat' Gott* (Behüt' dich Gott!). *Tschüss* ist norddeutsch und kommt von *¡addios!* – was mir spanisch vorkommt. Kindern sagt man *Baba*, was vielleicht vom englischen *bye-bye* kommt.

Und Karl Moik beendete seine Fernsehsendung »Musikantenstadl« immer mit »Servus, Pfiat' Gott und auf Wiedersehen«, womit sich auch der Verfasser dieser Zeilen gerne verabschiedet.

Sprachen

Im Schweizer Bundesrat in Bern spricht jeder Abgeordnete in seiner Muttersprache – Deutsch, Französisch oder Italienisch – und erwartet, dass er ohne Übersetzung verstanden wird. Die deutschsprachigen Schweizer gehen ein Jahr in der französischen Schweiz zur Schule, die »welschen« Schweizer umgekehrt in die deutsche, und Italienisch lernt man in den Ferien.

So ähnlich muss es bis 1918 auch im Reichsrat in Wien zugegangen sein. In diesem Parlament der österreichischen Hälfte Österreich-Ungarns wurde Deutsch, Polnisch, Tschechisch, Ruthenisch, Slowenisch und Italienisch gesprochen – ohne Übersetzung. Im Parlament der ungarischen Reichshälfte in Budapest sprach man Lateinisch, um so dem Gemisch von Ungarisch, Kroatisch, Slowakisch und Deutsch zu entgehen; aber seit der Teilung Österreichs in zwei Reichshälften im Jahr 1867 nur mehr Ungarisch. Die Ungarn waren eben immer schon große Chauvinisten.

Als 1989 nach der »samtenen Revolution« der neu gewählte tschechoslowakische Präsident Václav Havel seinen Freund Karl Schwarzenberg (der in Österreich zu Hause, aber Schweizer und jetzt auch wieder tschechischer Bürger ist) zum Chef seiner Kanzlei ernannte, wurde dieser gefragt, ob er denn Tscheche oder Österreicher sei. Er antwortete einfach: »Ich bin Böhme.« Geboren und aufgewachsen ist er in Böhmen (heute Tschechien), wo er abwechselnd auf Deutsch und auf Tschechisch unterrichtet wurde. 1945 wurde er als »Deutscher« aus dem Land gejagt. Sein Tschechisch hat er aber nicht verlernt und nie verleugnet. Europa könnte mehr solcher Menschen brauchen.

Die »Ziegelböhm'«

Österreich, ganz besonders Niederösterreich (mit Wien) war schon immer ein Einwanderungsland. Von der Urbevölkerung wissen wir wenig; dann siedelten hier Kelten, Römer, Hunnen, Awaren und Slawen. Dazwischen zogen hier auch die germanischen Langobarden durch und schließlich auch die Ungarn.

Im 8. Jahrhundert kommen die ersten deutschen Siedler; planmäßig wird unser Gebiet aber erst ab dem 10. Jahrhundert von Bajuwaren besiedelt. Adelige und Klöster wurden von deutschen Fürsten mit Land beschenkt, Bauern wurden angeworben, um die Wälder zu roden und Äcker und Wiesen zu bestellen. Ortsnamen mit -licht (Lichtenwörth), -schlag (Weikertschlag), -reut oder -gereute (Kreuth) deuten auf Waldlichtungen und Rodungen hin. Nach der böhmischen Herrschaft über Niederösterreich und die Steiermark (1246–1276) war die Besiedelung abgeschlossen.

Vermehrte Zuwanderung trat erst wieder im 19. Jahrhundert auf, bedingt durch die rasche Entwicklung der Hauptstadt Wien, für die viele und vor allem billige Arbeitskräfte gebraucht wurden. So kamen viele tschechische Maurer und Arbeiter hierher, die sogenannten »Ziegelböhm'«, die auf Baustellen und in Ziegelgruben arbeiteten und oft unter erbärmlichen Bedingungen hausen und leben mussten. 1890 wohnten in Wiener Neudorf und in Vösendorf fast so viele Tschechen wie Einwohner deutscher Muttersprache.

Und bei der Volkszählung im Jahr 1900 lebten in Wien 411 037 Tschechen – mehr als in Prag. Heute noch ist fast ein Viertel aller Namen im Wiener Telefonbuch tschechischer Herkunft.

Alemannisch

═

Vorarlberg liegt dem Namen nach, und von dort aus gesehen, *vor* dem Arlberg; und so sehen das auch die Vorarlberger, die gern von »Innerösterreich« sprechen, wenn sie das Land östlich des Arlbergs meinen. Und dazu sprechen sie auch noch ihre eigene Sprache, das »Vorarlbergische«, einen alemannischen Zweig der deutschen Sprache, während die anderen Österreicher die bairisch-österreichische Mundart pflegen. Das »Vorarlbergische« ist mit dem Schwäbischen, dem Elsässischen und dem Schweizerdeutschen verwandt; am nächsten steht es dem »Liechtensteinischen«, das naturgemäß aber auch keine große Sprachgruppe bildet.

Für das »Vorarlbergische« ist das *gsi* bezeichnend, womit »gewesen« gemeint ist, und das »Haus« wird zum *Hus*, aus der »Maus« eine *Mus*. »Sehen« oder »schauen« heißt auf »Vorarlbergisch« *luaga*. Und anstelle des innerösterreichischen »nicht wahr« oder »gell'« (von *gelten*) hängt man ein *odr* (*oder*) an das Satzende, wenn man um Zustimmung heischt. An fast jedes Satzende, denn der Vorarlberger glaubt sich gern im Recht und will das auch bestätigt wissen. Das »Vorarlbergische« spaltet sich übrigens in mehrere Dialekte wie z. B. das »Montafonerische« und das »Wäldlerische« (des Bregenzer Waldes), aber für einen »Innerösterreicher« ist auch schon das »Lustenauerische« schwer verständlich.

Ein anderer alemannischer Dialekt, der wiederum dem Schwäbischen näher steht, wird im tirolerischen Außerfern gesprochen. Da wird z. B. aus »gesungen« *gsungt* und aus »gewesen« *gwest*. Das Außerfern liegt, wie der Name schon sagt, *außer*halb, des *Fern*passes (vom Inntal aus gesehen) und umfasst den Bezirk Reutte im Land Tirol.

Über unsere
Geschichte

Wie Österreich Österreich wurde

Zur Zeitenwende war das heutige Österreich südlich der Donau Teil der römischen Provinzen Rätien, Noricum und Pannonien mit den Grenzfestungen Vindobona (dem heutigen Wien), Carnuntum (bei Hainburg), Lauriacum (Lorch bei Enns) u.a. Nach dem Zerfall des Römischen Reichs im 5. Jahrhundert zogen die Langobarden in unser Land, die dann von Awaren und Slawen vertrieben wurden. Aus dieser Zeit stammen die vielen slawischen Ortsnamen wie Semmering, Döbling, Mödling usw.

796 werden die Awaren von Karl dem Großen besiegt; bald darauf wird Ostösterreich von Ungarn besetzt. Von Bayern her erfolgt dann die Besiedelung mit deutschen Einwanderern. Der Name Österreich (»ostarrichi«) wird 996 in einem Schenkungsvertrag erstmals erwähnt. 1273 wird ein Schweizer Graf, Rudolf von Habsburg, zum deutschen König gewählt. Er zwingt den böhmischen König Ottokar II. zur Rückgabe der Herzogtümer Österreich, Steiermark und Kärnten. Die Habsburger regieren Österreich dann bis 1918, fast alle als Kaiser des Heiligen Römischen Reichs.

Sie dehnen ihre Herrschaft über das ganze heutige Österreich aus, 1382 erhalten sie Triest, 1526 erben sie Böhmen und Ungarn (das sie 1529 an die Türken verlieren) und können ihren Besitz im Dreißigjährigen Krieg (1618–1648) halten. Das in weiten Teilen evangelisch gewordene Land wird zwangskatholisiert.

1683 muss sich Wien wieder gegen die Türken verteidigen, aber dann erobert Prinz Eugen von Savoyen Ungarn, Slawonien, Kroatien und Siebenbürgen für Österreich. Gegen die Türkei wird von der Vojvodina bis zur Adria eine Militärgrenze errichtet, die hauptsächlich von serbischen Wehrbauern bemannt wird.

Aufstieg und Zerfall des Kaiserreichs

Eine neue Blüte erlebt Österreich unter Maria Theresia und deren Sohn Josef II. Die allgemeine Schulpflicht wird eingeführt, das »Toleranzpatent« Josefs II. sichert allen die freie Religionsausübung zu. In den Polenteilungen (1772 bzw. 1809) fällt Galizien und Krakau an Österreich, 1775 auch die Bukowina.

Mit dem Verzicht Franz' II. auf die römische Kaiserwürde erlischt 1806 das Heilige Römische Reich; er ernennt sich selbst zum Kaiser von Österreich. In den Napoleonischen Kriegen bekommt er Dalmatien sowie die Lombardei und Venezien, die aber sein Enkel Franz Joseph I. 1859 bzw. 1866 wieder verliert. 1878 wird Bosnien besetzt, 1908 annektiert. Österreich-Ungarn (wie sich das Reich nun nach einem 1866 verlorenen Krieg gegen Preußen nennt) erstreckt sich von Prag, Lemberg (Ľviv), Czernowitz, Sarajevo, Cattaro (Kotor), Dubrovnik und Triest bis zum Bodensee: ein Reich von neun Völkern, zehn Sprachen, 52 Millionen Einwohnern.

Franz Joseph I. erklärt Serbien 1914 den Krieg, was zum Ersten Weltkrieg führt, den Österreich-Ungarn und Deutschland 1918 verlieren. Polen, Ungarn, Jugoslawien, die Tschechoslowakei machen sich selbstständig; Südtirol, Trient und Triest müssen an Italien, die Untersteiermark an Jugoslawien abgetreten werden; was übrig bleibt, ist Österreich.

1918 wird in Österreich die Republik ausgerufen. Durch die Weltwirtschaftskrise kommt es 1929 zur Massenarbeitslosigkeit und damit zu einer Radikalisierung der politischen Verhältnisse. Die Errichtung eines faschistischen Ständestaats führt im Februar 1934 zu einem Aufstand der Sozialdemokraten, der blutig niedergeschlagen wird. Im Juli 1934 putschen die Nationalsozialisten, wobei Bundeskanzler Engelbert Dollfuß ermordet wird.

Vom »Anschluss« zur Zweiten Republik

Im März 1938 erzwingt Hitler den »Anschluss« Österreichs an das Deutsche Reich. Viele Sozialisten und Kommunisten, aber auch christlichsoziale Politiker werden in Konzentrationslagern eingesperrt. Juden und Zigeuner werden entrechtet und enteignet oder, sofern ihnen nicht die Flucht gelingt, in Konzentrationslagern umgebracht.

Nach Österreich wird zunächst das Sudetenland, dann Tschechien von Hitlerdeutschland besetzt. Hitlers Angriff auf Polen löst den Zweiten Weltkrieg aus, bei dem Österreich gleichzeitig Opfer, aber auch Mittäter war.

Im April 1945, noch vor Kriegsende, wird die Republik Österreich wiederhergestellt. Wien, Niederösterreich, das Burgenland, die halbe Steiermark und das Mühlviertel werden von der Roten Armee erobert. Amerikanisches Militär besetzt Salzburg und Oberösterreich, französische Truppen Tirol und Vorarlberg und Briten die Steiermark und Kärnten.

Am 15. Mai 1955 wird mit der Sowjetunion, den USA, Frankreich und Großbritannien ein Staatsvertrag unterzeichnet, der Österreich die volle Souveränität wiedergibt. Österreich erklärt sich zum neutralen Staat, stellt aber ein Bundesheer auf, das seither in vielen Friedensmissionen der Vereinten Nationen (im Kongo, auf den Golanhöhen, in Zypern und im Kosovo) eingesetzt worden ist.

Der Wiederaufbau des durch Krieg und Besatzung schwer beschädigten Landes wird aus eigener Kraft geschafft, zum Teil auch mit Finanzhilfe des amerikanischen Marshallplans.

Österreich ist jetzt eine demokratische Republik. Derzeit sind fünf Parteien im Parlament vertreten (die Volkspartei, die Sozialdemokraten, die Grünen, die Freiheitlichen und das BZÖ). In den Landtagen und Gemeinden gibt es auch noch andere Parteien, darunter auch Kommunisten.

Vom Kaiserreich zum Staatsvertrag

Zum Ende des Ersten Weltkriegs (1918) sagten sich große Teile des Habsburgerreichs von Österreich los und gründeten eigene Staaten – Ungarn, Jugoslawien, die Tschechoslowakei, Polen; im Friedensvertrag von St-Germain (1919) wurde die Besetzung Südtirols durch Italien und die der Untersteiermark durch Jugoslawien bestätigt; jedoch verblieb das damals vorwiegend slowenischsprachige Kärnten südlich der Drau nach einer Volksabstimmung (1920) bei Österreich, das dreisprachige Kanaltal (deutsch, italienisch, slowenisch) fiel jedoch an Italien.

Nur Deutsch-Westungarn wurde nach einer Volksabstimmung 1921 an Österreich angeschlossen und wurde unter dem Namen »Burgenland« zum neunten Bundesland von Österreich.

So wurde ein Kaiserreich von 52 Millionen Einwohnern auf 624 000 km² zu einer Republik von 6,5 Millionen Einwohnern (heute knapp über 8 Millionen) auf 83 857 km² reduziert.

1938 wurde Österreich an das Dritte Reich »angeschlossen«. Noch vor Ende des Zweiten Weltkriegs wurde die Republik Österreich im April 1945 neuerlich ausgerufen, wurde dann aber von amerikanischen, russischen, britischen und französischen Truppen besetzt. Erst nach zehnjährigen Verhandlungen wurde die Besetzung Österreichs aufgehoben und durch den Staatsvertrag mit der Sowjetunion, den USA, Großbritannien und Frankreich vom 15. Mai 1955 erhielt Österreich wieder die volle Souveränität. Der letzte fremde Soldat verließ Österreich am 26. Oktober 1955. Am gleichen Tag beschloss das Parlament die immerwährende Neutralität Österreichs.

Maria Theresia und die Schulen

Als Aufklärung bezeichnet man das Zeitalter von etwa 1730 bis zur Französischen Revolution (1789). Diese Zeit fällt etwa mit der Regierung der Kaiserin Maria Theresia (1740–1780) und ihres Sohnes Josefs II. (1765/80–1790) zusammen. Ihm sind zahlreiche Reformen zu verdanken. Die Wissenschaften befreiten sich vom Druck von Kirche und Hof, die Philosophen wagten ihre Ansichten frei zu vertreten. Die Wirtschaft blühte auf.

Die Schule war bis Maria Theresias Zeit in den Händen der Kirche. Einheitlich geregelt war die Bildung nicht und die Lehrer mussten sich oft mit Nebenberufen durchs Leben schlagen. Selbst in der Großstadt Wien ging 1770 nur ein Viertel der Kinder in die Schule. 1774 erließ Maria Theresia die Schulordnung, die die Schulen dem Staat unterstellte und für alle Kinder vom sechsten bis zum dreizehnten Lebensjahr obligatorisch war. In sogenannten »Trivialschulen« wurden die Kinder im Lesen, Schreiben und Rechnen, also in den drei grundlegenden Bildungswegen (lat. *trivia*, dreiwegig) unterrichtet.

1830 gab es schon mehr als 2000 Lehrer an niederösterreichischen und Wiener Volksschulen, aber nur acht Gymnasien (die weiterhin der Kirche unterstanden). Staatliche Gymnasien wurden ab 1863 in Wien, dann auch in Baden, St. Pölten, Waidhofen an der Thaya, Hollabrunn, Stockerau, Wiener Neustadt und Krems eingerichtet.

Die Schulpflicht wurde auf acht, jetzt auf neun Jahre angehoben. In jedem Bezirk gibt es mindestens ein Gymnasium und oft auch berufsbildende höhere Schulen. Der Schulbesuch ist kostenlos, die Lehrer werden vom Staat bezahlt.

Blau-Gelb und Rot-Weiß-Rot

Blau-Gelb sind die Farben von Niederösterreich, Rot-Weiß-Rot die der Republik Österreich. Der schwarze Adler auf der rotweißroten Fahne steht dabei nur Ämtern und Behörden zu.

Schon die alten Römer zeichneten ihre Truppen mit Fahnen oder Standarten aus. Ob das Blau-Gelb der niederösterreichischen Fahne auch von der zehnten römischen Legion stammt, die in Vindobona (Wien) stationiert war, wissen wir nicht; jedenfalls führte diese *legio alaudarum* (»Lerchenlegion«) Lerchen in ihrer Standarte. Manche Historiker meinen, dass die fünf goldenen Adler im blauen Feld des niederösterreichischen Wappens eigentlich auffliegende Lerchen sind.

Zu Kaisers Zeiten trug das niederösterreichische Wappen auch noch einen Erzherzogshut, weil Niederösterreich ein Erzherzogtum war. Die republikanische Landesverfassung hat ihn aber durch eine bescheidene bürgerliche Mauerkrone ersetzt (die Bundesländer Steiermark, Kärnten, Salzburg und Oberösterreich waren nicht so republikanisch und haben ihre Herzogshüte bis heute auf ihren Länderwappen beibehalten).

Die Länderwappen sieht man auf den Nummerntafeln der österreichischen Autos, die Landesfarben (Blau-Gelb in Niederösterreich, Rot-Weiß in Wien usw.) meist nur an öffentlichen Feiertagen. Die rotweißrote Fahne Österreichs geht der Sage nach auf den Babenbergerherzog Leopold III. zurück. Er soll 1191 bei der Eroberung der Festung Akkon in Palästina einen weißen Umhang getragen haben, der nach der Schlacht vom Blut seiner Feinde getränkt war; nur in der Mitte, unter seinem Gürtel, blieb ein weißer Streifen.

Rot und Schwarz

Niederösterreich war bei der Gründung der Republik Österreich im November 1918 ein Bundesland und Wien eine seiner Gemeinden. Aber in Wien wohnten mehr Leute als im niederösterreichischen Umland, und die Frage, wer eigentlich regierte, blieb offen – das mehrheitlich sozialdemokratische »rote« Wien oder die christlichsoziale »schwarze« Provinz. Dazu kam, dass in Niederösterreich (zusammen mit Wien) fast die Hälfte der gesamten Bevölkerung von Österreich lebte.

So beschloss man 1922, die Bundeshauptstadt Wien zu einem eigenen Bundesland zu machen und von Niederösterreich abzutrennen: Lieber ein »rotes« Bundesland Wien und ein »schwarzes« Bundesland Niederösterreich als ein unregierbares Konglomerat.

Wien hat damit eine Sonderstellung, weil es zugleich Bundesland und Gemeinde ist. Wo es um Gemeindeprobleme geht, entscheidet der Gemeinderat, geht es aber um Probleme, die von einem Bundesland zu lösen sind, entscheidet der Landtag – das ist der gleiche Gemeinderat, nur unter einem anderen Namen. Der Landeshauptmann des Bundeslandes Wien ist gleichzeitig Bürgermeister der Stadt Wien und umgekehrt. In Wien gibt es keine Bezirkshauptmannschaften, sondern nur Bezirksvertretungen mit beschränkten Aufgaben.

Die Teilung in ein Bundesland Wien und ein Bundesland Niederösterreich hat sich bewährt, jedes der beiden Bundesländer geht seinen eigenen Weg. Wien ist noch heute mehrheitlich »rot« und Niederösterreich mehrheitlich »schwarz«, aber man redet miteinander und löst gemeinsame Probleme gemeinsam, was wohl die Hauptsache ist.

Die Farben des Süßen

Die heimlichen Farben Österreichs sind keineswegs Rot-Weiß-Rot, sondern eher Rosa, Lila und Grün: rosa wie die Manner-Schnitten, lila wie die Milka-Schokolade, garniert mit »Palmersgrün«. Eine ungewöhnliche Kombination, aber nebeneinander findet man ohnehin nur die beiden ersten Farben, nämlich im Supermarkt, im Zuckerlgeschäft oder auch in der Tankstelle. Die Firma Palmers erzeugt ja keine Süßwaren, sondern Damenunterwäsche. Das Grün ihres Firmenlogos ist markengeschützt.

Die Manner-Schnitten wurden von Josef Manner erfunden, einem Greißler am Wiener Stephansplatz, zuerst als Schokolade und seit 1898 als Waffeln mit Schokoladecreme. Bereits die ersten Packungen waren in rosa Schleifenpapier gewickelt und mit dem Bild des Stephansdoms verziert; dafür muss die Firma Manner dem Dombauamt jetzt noch einen Steinmetz bezahlen. Die Manner-Schnitten in der »zuckerlrosa« Alufolie mit Aufreißband gibt es seit 1949. Die Rezeptur der Schnitten ist aber immer gleich geblieben und wird als Betriebsgeheimnis von Firmenchef zu Firmenchef weitergegeben.

Die Milka-Schokolade ist eigentlich eine Schweizer Erfindung, wird aber seit 1901 in Bludenz in Vorarlberg erzeugt. Bereits die erste Verpackung war in Lila gehalten; die Kuh steht für die Alpen, wo die Luft reiner, das Wasser klarer, das Gras grüner und daher die Milch besser ist, was insgesamt eine zartere Schokolade ergibt. Auch die Kuh ist heute lila und der kürzeste Werbespruch für die Milka-Schokolade lautet einfach: »Mmmilka!«

Die Wacht am Golan

Nach Abschluss des Staatsvertrags am 15. Mai 1955 hat das österreichische Parlament am 26. Oktober desselben Jahres die »immerwährende Neutralität« beschlossen. Manche Historiker behaupten, dass das der Preis für den Staatsvertrag gewesen sei, andere wiederum, dass dieser Beschluss »aus freien Stücken« gefasst worden wäre. Wie auch immer, Österreich ist frei und der 26. Oktober ist zum Nationalfeiertag erklärt worden. 1955 war Europa noch zweigeteilt und durch einen »Eisernen Vorhang« getrennt. Auch gab es noch keine Europäische Union. Heute wird gelegentlich gefragt, wozu denn jetzt die Neutralität noch gut sein soll.

Nach den zwei von Österreich mitverschuldeten Weltkriegen, nach Hunderttausenden Kriegstoten und Bombenopfern im eigenen Land, nach der Zerstörung eines Drittels aller Wohnstätten durch Bomben und Artillerie wollen wir keinen Krieg mehr, nicht im eigenen Land und nicht in anderen Ländern. Dazu stehen wir.

Österreich braucht sich aber mangelnde Solidarität nicht vorwerfen zu lassen: Auf Bitte und im Auftrag der Vereinten Nationen waren im Laufe der Jahre insgesamt mehr als 50 000 österreichische Soldaten im Friedenseinsatz, etwa im Kongo, auf Zypern, aber auch am Golan (zwischen Israel und Syrien) und im Kosovo, wo sie bis heute stationiert sind; und als militärische Beobachter auch in Tadschikistan, Afghanistan und anderen Ländern.

50 Offiziere und Soldaten sind bis jetzt dabei ums Leben gekommen.

Kriegerdenkmäler

Meistens stehen sie mitten im Ort, die Denkmäler für diejenigen, die aus den beiden Weltkriegen nicht zurückgekommen sind. Ihre Namen sind dort feinsäuberlich nach dem Alphabet aufgelistet: der Soldat neben dem Hauptmann und der Gefreite neben dem Wachtmeister. Ihre Dienstränge, Kriegsauszeichnungen und Orden sind längst bedeutungslos geworden.

Aber in den kleinen Dörfern erkennt man erst, wie viele es waren: Wo heute vielleicht noch ein paar Hundert Leute leben, sind oft dreißig, vierzig Namen eingemeißelt, und diese nur für den Ersten Weltkrieg; für den Zweiten sind es meist noch einmal so viele.

In Fischbach in der Oststeiermark ist das Kriegerdenkmal kein Stein, sondern dort hat man Fotografien der Gefallenen im Kircheneingang aufgehängt: Es waren lauter junge Männer, die gern ein ganz normales Leben gelebt hätten.

Am Allerheiligentag kommen dann ein paar alte Leute und legen Blumensträuße vor das Denkmal, und auch eine Abordnung von Kriegsteilnehmern, aber die werden immer weniger. Unsere Katl vom Steinbruggerwirt, eine Kellnerin in unserer Sommerfrische in der Lassnitz, hat ihre Blumen gleich nach Kriegsbeginn vor das Kriegerdenkmal legen müssen, weil ihr einziges Kind, der Ottl, irgendwo in Polen gefallen und auch dort begraben ist. Und in Russland habe ich eine alte Frau ein paar Blumen auf die Gräber deutscher Soldaten legen sehen: Vielleicht in der Hoffnung, dass jemand auch ihrem Sohn ein paar Blumen auf sein Grab legt, irgendwo in Deutschland oder Österreich.

Der Heldenberg

Österreich ist das einzige Land der Welt, das militärische Auszeichnungen nicht nur für Tapferkeit, sondern auch für militärischen Ungehorsam verliehen hat – sofern dieser zum Erfolg führte. Das ist der Maria-Theresien-Orden, einstmals die höchste militärische Auszeichnung Österreichs. Die österreichische Kaiserin hat ihn während ihrer Kriege gegen Preußen gestiftet. Nach eigenem Entschluss gegen höheren Befehl (oder ohne Befehl) zu kämpfen, verlangt Mut und Zivilcourage, denn sonst wäre es Meuterei – und die wurde mit dem Tod bestraft. Im Arsenal in Wien, einst eine Kaserne und heute ein Militärmuseum, ist ein ganzer Saal den Trägern des Maria-Theresien-Ordens gewidmet. Es waren mehr als 800.

Ein Maria-Theresien-Ritter war Feldmarschall Radetzky, der als junger Offizier noch gegen Napoleon gekämpft hatte. 40 Jahre später, 1848 und 1849, verteidigte er die italienischen Provinzen des österreichischen Kaiserreichs, die Lombardei und Venetien, erfolgreich gegen piemontesische Heere.

Mit einem gewissen Pargfrieder, einem Schuhfabrikanten und Heereslieferanten, hatte Radetzky gegen Ende seines Lebens einen merkwürdigen Handel abgeschlossen: Pargfrieder sollte ihm auf seine Kosten eine würdige Grabstätte, einen Heldenfriedhof, errichten. Dafür dürfe sich auch der Schuhfabrikant dort bestatten lassen. An der Straße von Wien nach Prag liegt in Kleinwetzdorf der Heldenberg der österreichischen Armee; dort stehen die in Erz gegossenen Denkmäler der großen Generäle. Gleich daneben ist das Grab ihres Schuhlieferanten Pargfrieder.

Auslandsösterreicher

Mehr als 300 000 Österreicher leben im Ausland, diejenigen nicht mitgerechnet, die Österreich zwischen 1934 und 1945 aus politischen Gründen verlassen mussten. Nach dem Bürgerkrieg im Februar 1934 flohen viele Sozialisten über die damalige Tschechoslowakei in die Sowjetunion (wo viele von ihnen im Jahr 1938 in Stalins »Säuberungen« umgebracht wurden).

Beim »Anschluss« Österreichs an Deutschland im März 1938 gelang einigen, aber bei Weitem nicht allen jüdischen Österreichern die Flucht ins Ausland. Nur vereinzelt kehrten sie nach dem Krieg nach Österreich zurück; von ihnen leben heute nur mehr wenige.

Der wohl prominenteste vertriebene Österreicher war der letzte Habsburgerkaiser Karl I., der in einer kleinen Kirche in Monte, hoch über Funchal auf Madeira, seine Auferstehung erwartet. Nach dem Tode Kaiser Franz Josephs im November 1916 wurde der damals erst 29-jährige Karl Kaiser von Österreich und König von Ungarn. Er versuchte vergeblich, den Krieg zu beenden. Zwei Jahre später war der Krieg verloren. Karl verzichtete auf seine Regierungsrechte. Nach zwei missglückten Versuchen, wenigstens die Herrschaft über Ungarn wieder zu erlangen, wurde er auf die Insel Madeira verbannt, wo er, inzwischen völlig verarmt, 1922 starb. Erst nach seinem Tod wurde seiner jungen Witwe, Kaiserin Zita, und ihren acht Kindern Asyl in Spanien (und später in Belgien) gewährt.

Kaiser Karl I. wurde 2004 von Papst Johannes Paul II. seliggesprochen.

Vom Gulden zum Euro

Der Großvater meiner Mutter war Maurer. Bei einem Unfall brach er sich ein Bein, das nie richtig heilte, und so musste er auf einen anderen Beruf umsatteln; er erlernte das Schneiderhandwerk. Er muss fleißig gewesen sein und soll sich damit gebrüstet haben, seiner Frau täglich einen Gulden Wirtschaftsgeld geben zu können. Woraus folgt, dass man so um 1880 mit einem Gulden pro Tag eine Familie ernähren konnte.

Später wurde der Gulden gegen die Krone ausgetauscht, zwei Kronen für einen Gulden. Die Krone hat sich als österreichische Währung bis 1924 gehalten, aber da bekam man für 10 000 Kronen nur mehr einen Laib Brot; die Inflation hatte den Wert des Geldes aufgefressen.

Daher wurde 1924 die Schillingwährung eingeführt – ein Schilling für 10 000 Kronen. Der Schilling war eine starke Währung: Im Wirtshaus bekam man dafür ein Schnitzel samt einem Seidel Bier, fünf Schilling war ein Tageslohn und auch der Groschen (ein Schilling war in 100 Groschen unterteilt) war etwas wert; man bekam dafür eine billige Zigarette. »Korso« hat sie geheißen und wurde auch stückweise verkauft.

1938, beim »Anschluss« Österreichs an Deutschland, wurde der Schilling in Mark und Pfennig umgetauscht: Für einen Schilling bekam man 67 Pfennig, obwohl der Schilling eine Mark wert war. Nach dem Krieg wurde die Mark wieder in Schilling umgetauscht, allerdings nur in beschränkter Menge. Aber zu kaufen gab es ohnehin nichts. Ein damaliger Schilling entspräche heute rund 55 Schilling – Pardon! – rund vier Euro, denn seit 2002 klingeln Euros in unseren Geldbörsen.

Brücken

Die Euro-Scheine zeigen auf ihrer Rückseite Brücken; sie sollen so die Verbindung von Volk zu Volk symbolisieren. Der Österreicher Josef Kalina, der die Euro-Scheine entwarf, hatte keine leichte Aufgabe: auf nur *sieben* verschiedenen Banknoten (5-, 10-, 20-, 50-, 100-, 200- und 500-Euro-Scheinen) völkerverbindende Elemente für *zwölf* (später vielleicht sogar noch mehr) Euroländer zu finden, ohne ein Land auszulassen oder zu beleidigen. Das geht nicht: Hätte er den Eiffelturm auf einem 500-Euro-Schein abgebildet, hätten sich zwar die Franzosen gefreut, aber die Italiener hätten dort wohl lieber das Kolosseum gesehen oder die Griechen die Akropolis usw. Und wäre Frankreich mehr wert als Griechenland, nur weil der Eiffelturm auf dem Fünfhunderter steht und die Akropolis nur auf dem Zweihunderter?

Mich erinnert die Brücke auf dem 10-Euro-Schein am ehesten an die Brücke über die Otava in Písek in der Tschechischen Republik, die damals, als der Euro eingeführt wurde, noch gar nicht Mitglied der EU oder der Euroländer war; oder an die Stockholmer Schlossbrücke in Schweden, das wohl Mitglied der EU, aber kein Euroland ist.

Flüsse können Länder verbinden oder auch trennen: Der Rhein bildete jahrhundertelang nicht nur eine physische, sondern auch eine geistige Grenze zwischen Frankreich und Deutschland – trotz unzähliger Brücken. Die Donau hat viele Völker miteinander verbunden, aber auch voneinander getrennt. Brücken kann man bauen, aber drübergehen muss man schon selbst.

Das Wunderteam

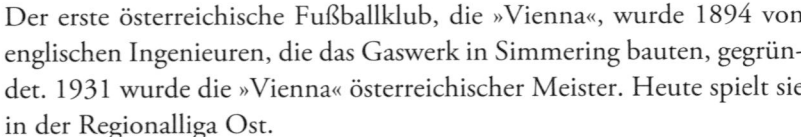

Der erste österreichische Fußballklub, die »Vienna«, wurde 1894 von englischen Ingenieuren, die das Gaswerk in Simmering bauten, gegründet. 1931 wurde die »Vienna« österreichischer Meister. Heute spielt sie in der Regionalliga Ost.

Damals sprach aber ganz Europa vom »Wunderteam«, das 1931 gegen England mit 5:0 gewann. Seinem Stürmer (und »Austrianer«) Mathias Sindelar widmete Friedrich Torberg sogar ein Gedicht:

> Er war ein Kind aus Favoriten
> Und hieß Mathias Sindelar.
> Er stand auf grünem Plan inmitten,
> Weil er ein Mittelstürmer war.
> Er spielte Fußball wie kein Zweiter,
> Er war voll Witz und Fantasie,
> Er spielte lässig, leicht und heiter,
> Er spielte stets, er kämpfte nie ...

1938 war Sindelar unter ungeklärten Umständen umgekommen. 1941 gewann Rapid, der Tabellenführer der Ostmark (wie Österreich nach dem »Anschluss« an Deutschland hieß) die deutsche Meisterschaft gegen »Schalke 04« mit 4:3.

Das ist uns nach dem Zweiten Weltkrieg erst wieder 1978 bei der Weltmeisterschaft in Cordoba gelungen, als Hans Krankl (vom »FC Rapid«) zwei Tore zum 3:2 gegen Deutschland schoss.

Trainer des österreichischen Nationalteams ist jetzt Josef Hickersberger. Er soll Österreich zu einem guten Platz bei der Europameisterschaft 2008 führen. Sie wird in Österreich und in der Schweiz ausgetragen. Das wird nicht leicht sein. Österreich hat gute Fußballer, kann aber als kleines Land nur schwer mit England, Deutschland, Italien, Frankreich oder Spanien mithalten. Vielleicht rollt der Ball trotzdem zu uns.

Der alte Krainer und die Millionäre

Der »alte Krainer« (Josef Krainer, von Beruf Waldarbeiter, ÖVP-Politiker und Landeshauptmann der Steiermark von 1948 bis 1971) sagte einst zur Forderung eines kommunistischen Abgeordneten, den Reichen mehr wegzunehmen, nur: »Gut, es gibt rund tausend Millionäre in Österreich. Nehmen wir jedem eine Million weg: Das ergibt eine Milliarde. Damit können wir eine Woche lang die Staatsausgaben finanzieren.« Was Krainer damals noch in Schilling rechnete, stimmt heute, 40 Jahre später, auch in Euro: Der Staat gibt jetzt rund 65 Milliarden Euro pro Jahr aus, also mehr als eine Milliarde pro Woche. Mit dem Wegnehmen allein können wir das Land sicher nicht finanzieren.

Volkswirte haben lange behauptet, dass nur Bodenschätze – Gold, Erze, Kohle, Erdöl usw. – den Reichtum eines Landes ausmachen. Da müsste Österreich längst ein armes Land sein: Gold findet sich keines mehr, der Erzberg ist erschöpft, die Kohlenbergwerke sind ausgekohlt, das Erdöl ausgepumpt. Das bisschen Holz und andere Agrarprodukte machen uns auch nicht viel reicher. Stattdessen sind Industriebetriebe entstanden: die Voest (Autobleche), MAGNA (Autoteile), BMW (Motoren), Mayr-Melnhof (Kartonagen) u. v. a. Noch wichtiger ist der Verkehr mit allen seinen Hotels, Gaststätten, Seilbahnen, Flugplätzen, Eisenbahnen und Autobussen, Skischulen, Tankstellen sowie Banken und Versicherungen. Die Umsätze im Fremdenverkehr sind mittlerweile größer als die der Industrie. So entsteht der Reichtum, von dem wir alle leben.

Bruno Kreisky

Bruno Kreisky war von 1970 bis 1983 Bundeskanzler der Republik Österreich. Er war der erste sozialdemokratische Bundeskanzler in diesem Land.

Er entstammte einer wohlhabenden jüdischen Bürgerfamilie aus Znaim, wurde aber in Wien geboren und ist da aufgewachsen. Als Student schloss er sich der Sozialistischen Jugend an und wurde 1934, nach den Februarunruhen, wegen regierungsfeindlicher Betätigung eingesperrt.

Nach dem »Anschluss« Österreichs an das Dritte Reich im Jahr 1938 gelang es Bruno Kreisky, nach Schweden zu fliehen. Nach Kriegsende arbeitete er in der Österreichischen Botschaft in Stockholm, kam 1949 nach Österreich zurück, wurde Staatssekretär im Außenministerium und begleitete die Regierungskommission bei den Staatsvertragsverhandlungen in Moskau im Jahr 1955. Vier Jahre später wurde er Außenminister, 1970 Bundeskanzler.

Zusammen mit dem schwedischen Premierminister Olof Palme und dem deutschen Bundeskanzler Willy Brandt war Bruno Kreisky ein Verfechter der Mitbestimmung und des sozialen Friedens.

Ihm war die militärische Neutralität Österreichs wichtig, aber gleichzeitig die internationale Solidarität. So war er nicht nur ein wichtiger Vermittler zwischen Israel und Palästina, sondern auch zwischen Europa und Libyens Staatschef Gaddafi. Ihm ist es auch zu verdanken, dass die Atombehörde und die UNIDO nach Österreich kamen und Wien damit zum dritten Amtssitz der Vereinten Nationen wurde.

The Unterolberndorf Declaration

Die Überschrift ist absichtlich auf Englisch geschrieben, denn so heißt das Dokument, auf dem die demokratische Verfassung von Uganda aufgebaut wurde. Uganda ist ein Land in Ostafrika und Unterolberndorf ein kleines Nest im niederösterreichischen Weinviertel; drei oder vier Dutzend Häuser, eine Kirche, eine Schule und das Gasthaus »Zum grünen Jäger« gibt es dort.

In diesem unauffälligen Dorfwirtshaus organisierte im Juni 1985 Peter Jjumba, ein ugandischer Student (und Kolporteur der Wiener Tageszeitung »Kurier«), ein Treffen mit Yoweri Museveni und anderen Anführern der ins Ausland geflüchteten ugandischen Opposition (die österreichische Regierung erteilte Einreisevisa, schaute aber sonst diskret weg). In Uganda herrschte damals ein Terrorregime, zuerst unter Idi Amin und dann unter Milton Obote, die fast eine Million Ugander ermorden ließen.

Die Rebellen formulierten im »Grünen Jäger« ein 10-Punkte-Programm, die sogenannte »Unterolberndorfer Deklaration«, und gründeten ein Schattenkabinett. Ein Jahr später stürzten sie Obote und bildeten eine demokratische Regierung.

Anhand der Unterolberndorfer Deklaration wurde nach Volksbefragungen und langen Diskussionen eine neue Verfassung Ugandas geschrieben und 1995 in Kraft gesetzt. Museveni wurde 1996, 2001 und erneut 2006 zum Präsidenten Ugandas gewählt.

Österreich hat seit 1986 aktiv in der Entwicklung Ugandas mitgeholfen, besonders im Wasserbau, im Rechtswesen, in der allgemeinen Demokratisierung und im Kulturbereich.

Die Mütter der Wissenschaften

===

An der Fassade des Döblinger Gymnasiums im 19. Wiener Gemeindebezirk sind vier Tafeln angebracht: Sie erinnern u. a. an die Nobelpreisträger Wolfgang Pauli (Physik, 1945) und Richard Kuhn (Chemie, 1938), die dort zur Schule gegangen waren. Ähnliche Tafeln finden sich auch am Akademischen Gymnasium in Wien, wo etwa Erwin Schrödingers (Physik, 1933) gedacht wird. Im Ehrenhof der Wiener Universität stehen über 100 Büsten berühmter Wissenschaftler, die an dieser Hochschule gelehrt haben.

Die Wiener Universität ist die zweitälteste nördlich der Alpen und wurde 1365 von Rudolf IV. (»der Stifter«) gegründet, und heißt daher auch Alma Mater Rudolphina (die älteste ist die Karls-Universität in Prag, gegründet 1348). Unterrichtssprache war Latein; darin bedeutet *Alma Mater* »Mutter der Wissenschaften«, womit die Universität gemeint ist. Später entstanden Universitäten auch in Graz, Innsbruck und Salzburg, zuletzt auch in Linz. Im 19. Jahrhundert kamen Technische Hochschulen in Wien, Graz und Leoben dazu (die Montanistische Hochschule), die jetzt »Technische Universitäten« heißen. Die Universitäten sollten – eben universell - in *allen* Wissenschaften forschen und lehren, aber das ist heute kaum mehr möglich. Daher wurden in den letzten Jahren auch viele Fachhochschulen gegründet, deren Lehrplan meist nur »Spezialfächer« umfasst.

Ergänzt wird die Erwachsenenbildung durch ein weitverzweigtes Netz von Volkshochschulen, deren Angebot von Sprach- bis zu EDV-Kursen reicht.

Straßen, Bahnen und Flüsse

Eisenbahnen Europas ...

=

»Eisenbahnen Europas, vereinigt euch!«, möchte man ihnen zurufen, wenn man die vielen verschiedenen Systeme von Spurbreiten und elektrischen Ausrüstungen betrachtet, die die europäischen Eisenbahnen verwenden. Dabei hatten am Anfang des Eisenbahnzeitalters alle Länder die Spurbreite George Stephensons übernommen: 1435 mm (4 Fuß 8½ Zoll). Er wollte 1825 für die erste Eisenbahn der Welt (von Darlington nach Stockton) die Spurbreite der Pferdefuhrwerke von 4½ Fuß verwenden, was die Fuhrwerker aber hintertrieben; so verbreitete er halt die Spur um 2½ Zoll auf die schon genannten 4 Fuß 8½ Zoll.

Alle Eisenbahnen Europas haben jetzt eine Spur von 1435 mm, ausgenommen Spanien (1674 mm), Portugal (1665 mm) und Irland (1600 mm); Russland, die Ukraine, Weißrussland, die baltischen Staaten und Finnland haben eine Breitspur von 1524 mm (was genau 60 Zoll entspricht). An den Grenzen müssen die Frachten umgeladen oder die Fahrgestelle der Waggons ausgetauscht werden.

Und bei der Elektrifizierung konnte man sich erst recht nicht auf ein gemeinsames System einigen: Während die österreichischen, deutschen und schwedischen Eisenbahnen mit 15 000 Volt/16,7 Hertz Wechselstrom-Motoren fahren (die Balkanländer mit 25 000 Volt/50 Hertz), verwenden die Franzosen und Spanier 1500 Volt-Gleichstrom-Motoren, die Italiener, Belgier, Holländer und die Oststaaten solche mit 3000 oder 1500 Volt. Da müssen an den Grenzen die Lokomotiven gewechselt oder sündteure Lokomotiven mit doppelten elektrischen Systemen eingesetzt werden.

Vereinigte Eisenbahnen? Nicht in Europa!

Die Mariazellerbahn

Niederösterreich ist wie kein anderes Bundesland verkehrsmäßig durch die Eisenbahn erschlossen worden. Als die wichtige Straße von Wien nach Brünn, die Brünner Straße, 1897 endlich ordentlich ausgebaut wurde, hatte man schon Jahrzehnte davor mit der Eisenbahn dorthin gelangen können.

Parallel zur Südbahntrasse von Wien nach Wiener Neustadt wurden die Pottendorfer Linie und die Aspangbahn gebaut, die von Wien über Aspang in die Oststeiermark führt. Auch im Weinviertel überkreuzen sich Eisenbahnlinien und das Waldviertel wird von etlichen Stichbahnen bedient (Schwarzenau–Zwettl–Martinsberg oder Zellerdorf–Drosendorf). Einige Bahnlinien sind Schmalspurbahnen, z. B. Litschau–Gmünd–Weitra. Sie werden aber nur mehr von Ausflugszügen ein paar Mal im Jahr befahren. Die Nebenbahnen haben nur mehr wenige Fahrgäste; Linienbusse und Privatautos haben sie ihnen weggenommen.

Die »jüngste« Eisenbahnlinie in Niederösterreich ist die Mariazellerbahn. Sie wurde 1911 fertiggestellt und führt von St. Pölten über Mariazell bis zu einer Kanonengießerei in Gußwerk. Die Fabrik wurde später zugesperrt und die Eisenbahn endet jetzt in Mariazell. Die Mariazellerbahn ist eine Schmalspurbahn und die Ladung müsste daher in St. Pölten auf normale Waggons umgeladen werden. Das kostet Zeit und Geld.

Von St. Pölten fährt man zuerst durch die Hügel des Voralpenlands, dann windet sich die Mariazellerbahn in kühnen Serpentinen bis zum Alpenhotel in Gösing (891 m). Von dort fährt man durch Tunnel und Schluchten, durch Wälder und am Erlaufstausee vorbei weiter bis nach Mariazell.

Über Berg und Tal

Meine Großmutter hat mir oft erzählt, wie sie als Kind (so um 1875) mit ihrem Vater von Kärnten in die Steiermark gefahren ist, um Wein für sein Hotel zu holen (in Kärnten wächst kein Wein). Sie durfte ihn auf seiner Pferdekutsche begleiten, musste aber die »Gatter« (die Tore der Weidezäune) auf- und zumachen. Von Klagenfurt fuhren sie die Drau entlang bis Hohenmauthen (jetzt Muta in Slowenien) und dann über den Radlpass (679 m) ins steirische Weinland.

Gatter und Grenzkontrollen gibt es jetzt keine mehr. Die direkte Straße von Kärnten in die Weststeiermark über die Pack (1169 m) wurde in den Dreißigerjahren, die Autobahn in den Achtzigerjahren gebaut.

Die Alpen behindern den Verkehr nicht nur zwischen Nord- und Südeuropa, sondern auch zwischen den österreichischen Bundesländern. Von Kärnten kommt man sonst nur über den Perchauer Sattel (995 m) in die Steiermark; und nach Niederösterreich und Wien muss man auch noch über den Wechsel (967 m) oder den Semmering (984 m).

Über den Semmering fährt auch die Eisenbahn drüber, über eine kühn angelegte Gebirgsstrecke mit vielen Tunneln und Viadukten; sie wurde zwischen 1830 und 1854 gebaut, wurde von der UNESCO zum Weltkulturerbe erklärt (und ist nicht mehr modern). Ein neuer Basistunnel ist geplant, aber schon bei Probebohrungen konnte das Grundwasser kaum eingedämmt werden. Beim Vollausbau droht der Berg »auszurinnen« und zu verkarsten. Das würde die Landschaft der »Zauberberge« zerstören. Der Bau des Semmering-Basistunnels wurde daher eingestellt.

Das Südbahn-System

Bis vor wenigen Jahren begrüßte der Fahrdienstleiter – der Mann mit der roten Kappe – jeden durchfahrenden Zug. Er ging auf den Bahnsteig hinaus, nahm Haltung an und salutierte. Ich hatte immer gedacht, dass das eine nette Geste der Bahnverwaltung wäre, um den vorbeifahrenden Passagieren Dank und Respekt zu erweisen.

Einer meiner ehemaligen Mitschüler, später selbst Fahrdienstleiter, klärte mich aber auf: Der Bahnbeamte kontrolliert nur, ob der letzte Waggon noch am Zug hängt und nicht etwa verloren gegangen ist und die Strecke blockiert. Deswegen trägt der letzte Waggon in der Nacht eine rote Laterne oder am Tag ein rotweißes Schild.

Das war nur ein Teil des Sicherheitssystems, das die Südbahn lange vor der Erfindung des Telegrafen eingeführt hatte. Eine andere Sicherung betraf die Weichen: Diese hatten einen Schlüssel für die Geradeausfahrt und einen zweiten für die Abzweigung. Wenn der Weichensteller die Weiche so oder so stellte – natürlich händisch –, musste er den richtigen Schlüssel ins Büro zurückbringen und erst dann wurde dem Zug »freie Fahrt« gegeben. Dieses System haben fast alle europäischen Eisenbahnen übernommen. Der Telegraf mit seinen Papierstreifen und Morsetasten blieb auch nach der Erfindung des Telefons bis weit ins 20. Jahrhundert in Betrieb. Am Papierstreifen waren nämlich die Abfahrts- und Durchfahrtsbefehle festgehalten und konnten so nachträglich kontrolliert werden.

Im heutigen elektronischen Zeitalter gibt es keine Fahrdienstleiter mehr, die vor den vorbeifahrenden Passagieren salutieren. Leider.

Die Donaukraftwerke

In Österreich haben viele Techniker Wasser als Antriebskraft nutzbar gemacht. 1826 erfand Josef Ressel die Schiffsschraube, 1912 Viktor Kaplan die nach ihm benannte Turbine. Die Schiffsschraube treibt das Wasser und bewegt so das Schiff, die Kaplanturbine treibt umgekehrt Elektrogeneratoren an. Wasserkraftwerke gibt es bereits seit Anfang des 20. Jahrhunderts; Ybbs-Persenbeug, das erste Donaukraftwerk, wurde aber erst 1959 fertiggestellt. Dort wurde 1996 auch die größte Kaplanturbine Europas eingebaut.

Insgesamt gibt es jetzt zehn Wasserkraftwerke an der österreichischen Donau (elf mit dem österreichisch-bayerischen Kraftwerk in Jochenstein). 27 000 Gigawattstunden Strom wurden im Jahr 2002 erzeugt. Das reicht für alle Haushalte in ganz Österreich. Fünf Donaukraftwerke (Wallsee, Ybbs, Melk, Altenwörth und Greifenstein) sind in Niederösterreich, Nussdorf und Freudenau sind in Wien.

Der Bau des allerletzten Donaukraftwerks, Hainburg, kurz vor der slowakischen Grenze, wurde 1984 durch eine Initiative »grüner« Bürger blockiert, die die Baustelle in der Stopfenreuther Au bei Hainburg tagelang besetzt hielten. Nach weiteren Demonstrationen wurde der Bau eingestellt und diese letzte große Au Europas in einen Nationalpark umgewandelt.

Alle Kraftwerke haben Schleusen für die Schifffahrt. Sie sind 24 m breit und 230 m lang, sodass Schubverbände (zwei oder vier miteinander verbundene und von einem Schubschiff geschobene Frachtkähne) und Fahrgastschiffe ungehindert vom Rhein über den Rhein-Main-Donau-Kanal und die Donau bis zum Schwarzen Meer fahren können.

Der Österreichring

Die ehemalige Segelflugschule in Spielberg in der Obersteiermark war nur ein Teil des Österreichrings, einer Formel-1-Rennstrecke, die später nach einem Sponsor in A1-Ring umbenannt wurde. Bevor dieser gebaut und 1969 mit einem Rennen um den Großen Preis von Österreich eingeweiht wurde, war der nahe gelegene Militärflugplatz von Zeltweg für Autorennen verwendet worden. Damals mussten die Rennfahrer noch mit einfachen Unterkünften in den Gaststätten der umliegenden Dörfer vorliebnehmen; mit der Eröffnung des Österreichrings wurden dann auch standesgemäße Hotels gebaut.

Die großen Rennfahrer dieser Jahre waren Jochen Rindt, der beim Training in Monza am 5. September 1970 tödlich verunglückte und posthum Weltmeister wurde; und ein paar Jahre später Niki Lauda, der 1975 Weltmeister wurde, 1976 bei einem Unfall auf dem Nürburgring bei lebendigem Leib fast verbrannt wäre, aber 30 Tage später wieder Rennen fuhr und 1977, wieder mit Ferrari, zum zweiten Mal Weltmeister wurde. Er zog sich dann aus dem Motorsport mit der Begründung »immer nur im Kreis fahren ist blöd« zurück und gründete die Fluglinie Lauda Air, kehrte aber 1981 wieder zum Rennsport zurück und wurde 1984 zum dritten Mal Weltmeister, diesmal mit McLaren.

Der Österreichring wurde 2003 zum letzten Mal für ein Rennen benützt (damals gewann Michael Schumacher), dann war er aber für den Formel-1-Zirkus zu wenig profitabel und wurde zuerst stillgelegt und dann teilweise abgerissen. Ein Neubeginn wurde von Umweltschützern vorerst vereitelt.

Die Untertunnelung Österreichs

Eine Eisenbahn ohne Tunnel ist keine Eisenbahn, das weiß jedes Kind, das eine Spielzeugeisenbahn besitzt. Kaiser Ferdinand I., dem ein kindliches Gemüt nachgesagt wird, war gleicher Meinung und weigerte sich, die durch ebenes Gelände führende Eisenbahnstrecke von Wien nach Gloggnitz zu eröffnen, weil sie keinen einzigen Tunnel aufwies. Daher ließ die Eisenbahndirektion rasch einen Geländeeinschnitt zwischen Gumpoldskirchen und Baden »eintunneln« und von oben mit Erdreich zuschütten: 1838 konnte Kaiser Ferdinand dann die neue Eisenbahnlinie, jetzt komplett mit Tunnel, feierlich mit Fahnen, Festreden und Tschindarassabumbumbum einweihen.

Der keine hundert Meter lange Tunnel wurde bald »Busserltunnel« genannt – die Fahrzeit im finsteren Tunnel reichte gerade für einen Kuss unter Liebenden. Ein paar Jahre später wurden auf der Semmeringstrecke 16 »richtige« Tunnel gebaut, und beim Bau anderer österreichischer Bahnen dann auch richtig lange Tunnel, wie der Arlbergtunnel und der Tauerntunnel, die beide mehr als 8 km lang sind.

Eine neue Ära wurde 1960 mit dem Bau des Autobahntunnels durch den Felbertauern eingeleitet. Er verbindet Salzburg mit Osttirol. Dabei wurde erstmals die »österreichische Tunnelbaumethode« eingesetzt: wie bisher werden jeweils sechs bis acht Meter Fels herausgesprengt, aber statt dann das neue Teilstück mit Steinblöcken auszumauern, werden die Stollenwände mit Spritzbeton verkleidet; radial zur Tunnelachse werden dann Felsanker in den Fels getrieben, sodass der »Berg« selbst den Tunnel »trägt«. Das macht den Tunnel sicherer und kommt noch dazu auch billiger als mit der traditionellen Tunnelbauweise.

Gesetze und Menschen

Die Sozialpartnerschaft

Handelskammern und Gewerkschaften gibt es in den meisten Ländern. Spezifisch österreichisch ist aber die »Sozialpartnerschaft«, die sich zwischen beiden nach 1945 entwickelt hat. Dadurch wird (fast) nie gestreikt, sondern verhandelt. Im Durchschnitt streikt jeder einzelne Arbeitnehmer gerade einmal ein paar Minuten im Jahr.

Mindestlöhne werden in Österreich nicht gesetzlich vorgeschrieben, sondern in Kollektivverträgen zwischen der Wirtschaftskammer und den Gewerkschaften ausgehandelt. Die Wirtschaftskammer vertritt dabei *alle* Arbeitgeber einer bestimmten Branche, z. B. der Bauwirtschaft, und die Gewerkschaft der Bauarbeiter eben *alle* Bauarbeiter. Die Kollektivverträge gelten für *alle* Arbeitgeber und *alle* Arbeitnehmer, auch wenn der eine oder andere damit nicht einverstanden ist.

In Österreich sind alle Betriebe, von der Tabakfabrik bis zur Automobilfabrik, Mitglieder der Wirtschaftskammer. Ihre Aufgabe ist es, diese Betriebe als Kollektiv zu vertreten und ihre Interessen zu verteidigen. Für die Arbeitnehmer verhandeln die Gewerkschaften (wo man nicht Mitglied sein muss) und die Arbeiterkammern (wo jeder Arbeiter und Angestellte automatisch Mitglied ist).

Die freien Berufe wie die Rechtsanwälte, die Steuerberater, die Ärzte u. a. haben ihre eigenen Standesvertretungen, z. B. die Ärztekammer; deren Aufgabe aber bleibt ungefähr dieselbe – die Vertretung ihrer Mitglieder nach außen. Verhandlungspartner der Ärztekammer sind die Krankenkassen, mit denen die Tarife für die ärztlichen Leistungen ausgehandelt werden.

Herztransplantation auf Krankenschein

Mein Friseur, der Herr Willi, hatte ein Problem: Er war schwer herzkrank und brauchte dringend ein neues Herz. Im letzten Augenblick wurde ein Spenderherz gefunden, das ihm eingepflanzt werden konnte. Der Herr Willi konnte nach einem Dreivierteljahr seinen Beruf wieder ausüben.

Er besaß nur ein kleines Friseurgeschäft ohne Angestellte und hätte sich diese Operation nie leisten können, aber bezahlt hat sie die Krankenkasse und nicht der Herr Willi.

In Österreich sind praktisch alle Einwohner kranken- und unfallversichert. Bezahlt wird das durch Abzüge von 4,75 Prozent des Gehalts oder Lohns (oder der Pension); der Arbeitgeber zahlt noch einmal so viel dazu. Die Selbstständigen zahlen 8,9 Prozent und die Bauern 7,4 Prozent ihres Einkommens an ihre Krankenkasse. Dazu kommt noch die E-Card-Gebühr von 10 Euro im Jahr.

Die Ehepartner und Kinder der Versicherten sind mitversichert und können alle Leistungen der Krankenversorgung ohne Aufpreis in Anspruch nehmen – von der Gesundenuntersuchung bis zur Organtransplantation. Auch der Zahnarzt wird von der Krankenkasse bezahlt (ausgenommen sind Kronen und Implantate). Jeder Patient kann sich seinen Arzt selbst aussuchen, auch sein Spital. Dort sind die Wartezeiten relativ kurz. Für Brillen und Hörgeräte gibt es Zuschüsse.

Auch der Besuch beim Hausarzt sowie beim Spezialisten wird von der Krankenkasse bezahlt, ebenso die vom Arzt verschriebenen Medikamente; für die wird allerdings eine Gebühr von derzeit 4,80 Euro pro Medikament vom Apotheker eingehoben.

Wahlsieger und Wahlverlierer

Im Durchschnitt werden die österreichischen Wähler und Wählerinnen etwa alle zwei Jahre zu den Urnen gerufen: Die Wahlen zum Gemeinderat finden je nach Bundesland alle vier oder fünf Jahre statt, die Landtagswahlen ebenso. Die Wahlen zum österreichischen Nationalrat (der großen »Kammer« des Parlaments) müssen alle vier, neuerdings alle fünf Jahre durchgeführt werden. Nur die Abgeordneten zum Bundesrat (der »Länderkammer« des Parlaments) werden nicht vom Volk direkt gewählt, sondern von den Landtagen der neun Bundesländer entsandt. Die Bundesräte vertreten die Bundesländer (Österreich ist ja ein Bundesstaat). Und dann ist da noch die Wahl des Bundespräsidenten, der eine sechsjährige Amtszeit hat.

Wahlberechtigt war bisher jeder österreichische Staatsbürger und jede Staatsbürgerin, die spätestens am Wahltag das achtzehnte Lebensjahr vollendet hat. Mit der kommenden Gesetzgebungsperiode wird das Wahlalter allerdings auf 16 Jahre gesenkt.

Neben diesen Wahlen zu den verschiedenen staatlichen Institutionen werden wir noch zu den Wahlen zum Europäischen Parlament und – je nach Beruf – zur Arbeiterkammerwahl, der Handelskammerwahl oder der Wahl zur Ärztekammer, Apothekerkammer usw. aufgerufen.

Alle Wahlen sind geheim: Die Stimmzettel werden in einer Wahlzelle angekreuzt und sind im verschlossenen Kuvert abzugeben.

Bei jeder Wahl gibt es Gewinner und Verlierer – auf jeden Fall aber gewinnt die Demokratie.

Die »Riese« durch die »Eng'«

Dafür, dass die Bäume nicht in den Himmel wachsen, sorgt der liebe Gott; aber dafür, dass der Wald nicht stirbt, muss der Mensch sorgen. Österreich ist fast zur Hälfte mit Wald bedeckt. Die Wälder sind nicht nur ein bedeutender Wirtschaftsfaktor (an die 10 Millionen Festmeter Holz werden jährlich geschlägert), sondern haben auch andere Funktionen: Sie speichern Regen und schützen so vor Hochwasser, sie halten Lawinen und Erdrutsche auf, sie verwerten CO_2 und geben Sauerstoff ab und verbessern so die Luft. Nicht zuletzt sind sie ein Erholungsraum für Waldbesucher.

Um die Wälder für die nächsten Generationen zu bewahren, wurde 1975 ein Forstgesetz erlassen, dessen Ziel »die Erhaltung des Waldes und des Waldbodens« ist (§1). Abgeholzte Waldflächen sind aufzuforsten, Waldverwüstung ist verboten.

Und: »Jedermann darf Wald zu Erholungszwecken betreten und sich dort aufhalten« (§33). Das gilt für alle Wälder in Österreich, ganz gleich, ob sie dem Staat oder Privatbesitzern gehören. Nur das Lagern, Zelten, Befahren und das Reiten ist dort verboten. Skifahrer dürfen durch die Wälder abfahren, aber nur entlang markierter Pisten. Zeitlich befristete Ausnahmen gibt es für die Bekämpfung von Forstschädlingen, für Aufforstung, Schlägerungen und »Riesen« (das sind steile, mit Baumstämmen ausgelegte Geländerinnen, in denen man die geschlägerten »Bloche« ins Tal rutschen lässt). Sie werden jetzt immer mehr durch Forststraßen ersetzt; wenn man z. B. von Payerbach-Reichenau durch die »Eng'« auf den Gahns oder den Schneeberg wandert, kommt man gefahrlos an einer gut erhaltenen »Museumsriese« vorbei.

Die Feuerwehr

═══

»Bei den 574 Einsätzen im Jahre 1997 konnten 28 Menschen aus einer Notlage bei Verkehrsunfällen befreit werden ... Im Mai 1988 wurde Stockerau von einem verheerenden Unwetter heimgesucht. Über 100 Keller mussten ausgepumpt werden ... Am 10. November 1998 war es im Keller der Sparkasse zu einem gefährlichen Brand gekommen, der gelöscht werden konnte ...«

So steht es in der Chronik der Feuerwehr von Stockerau, einer Kleinstadt nordwestlich von Wien. Stockerau ist nur eine von den 2359 Gemeinden Österreichs mit eigener freiwilliger Feuerwehr. Die Feuerwehren haben ihre eigenen Löschfahrzeuge und Drehleitern und die an der Donau liegenden Gemeinden haben zusätzlich Zillen (Boote).

Nur in Wien, Graz, Linz, Salzburg, Innsbruck, Klagenfurt und auf den Flughäfen gibt es Berufsfeuerwehren, in allen anderen Gemeinden freiwillige Feuerwehren. Mehr als 320 000 freiwillige Feuerwehrleute, darunter 5200 Frauen, erfüllen dort ihren Auftrag: Retten, Löschen, Bergen, Schützen. Sie werden laufend in Kursen und in eigenen Feuerwehrschulen ausgebildet.

Dabei machen Löscharbeiten nur ein Viertel aller Einsätze aus, viel öfter muss bei Unfällen geholfen werden. Bei Hochwasser und anderen Naturkatastrophen (Waldbrände, Muren- und Lawinenabgänge, Erdbeben) müssen die Feuerwehrleute oft tagelang eingesetzt werden.

Für die Löschfahrzeuge, die Atemschutz- und Funkgeräte und die laufenden Kosten muss die Gemeinde aufkommen. Da aber deren Mittel oft nicht reichen, muss der Rest durch Spenden und Feuerwehrfeste aufgebracht werden.

Das SOS-Kinderdorf Hinterbrühl

Hermann Gmeiner wurde 1919 als neuntes Kind einer Bauernfamilie in Vorarlberg geboren. Seine Mutter starb, als er fünf war. Von da an sorgte seine ältere Schwester Elsa für die Kinder und lebte ihm das Ideal einer Kinderdorf-Mutter vor.

Nach dem Krieg baut Hermann Gmeiner mit Freunden das erste SOS-Kinderdorf in Imst in Tirol auf. Dort werden elternlose Kinder und Jugendliche in Familienhäusern untergebracht.

Eine SOS-Kinderdorf-Mutter und bis zu sechs Kinder leben wie eine normale Familie. Die Mutter führt den Haushalt, die Kinder arbeiten mit, gehen in die Schule und die älteren Geschwister helfen den jüngeren bei ihren Aufgaben. Die jungen Menschen bleiben so lange in der Familie, bis sie selbst für sich sorgen können. Finanziert werden die SOS-Kinderdörfer zu zwei Drittel aus Spenden und zu einem Drittel aus der Kinderbeihilfe und anderen Zuschüssen.

1954 wird das zweite SOS-Kinderdorf (in Osttirol), 1955 das dritte (in Oberösterreich) und 1957 das vierte SOS-Kinderdorf (in der Hinterbrühl im Wienerwald) gebaut. Es ist mit seinen 25 Häusern und 110 Kindern das größte SOS-Kinderdorf. 1960 gibt es schon zehn SOS-Kinderdörfer in Europa, 1963 wird das erste Kinderdorf außerhalb von Europa, in Korea, gegründet.

Heute gibt es in 132 Ländern 482 SOS-Kinderdörfer. Ihnen sind 1421 Kindergärten, Schulen, medizinische und soziale Zentren angeschlossen.

Hermann Gemeiner stirbt 1986 und wird auf seinen Wunsch im Kinderdorf Imst begraben. Sein Lebenswerk führt der SOS-Kinderdorf-Verein weiter.

Kinderparadiese

Der »Erfinder« der Kindergärten, Friedrich Wilhelm August Fröbel, war der Ansicht, dass Kinder wie Pflanzen in einem Paradies heranwachsen sollten, und erfand daher die Bezeichnung »Kindergarten«. Erziehung war für ihn ein gemeinsames Werk von Familie, Kindergarten und Schule. Seinen ersten Kindergarten errichtete er bereits 1840 in Blankenburg in Thüringen. Bis dahin hatte es nur einige wenige »Kinderbewahranstalten« gegeben (eine der ältesten bereits 1830 in Wien), in denen auf Erziehung wenig Augenmerk gelegt worden sein dürfte. Fröbels Idee verbreitete sich rasch, 1869 wurden in Niederösterreich bereits die ersten Kindergärtnerinnen ausgebildet.

In großem Maßstab entstanden Kindergärten aber erst nach dem Ersten Weltkrieg, besonders in Wien: »Wer Kindern Paläste baut, reißt Kerkermauern nieder«, war das Motto des Arztes Julius Tandler, dem Schöpfer des Wiener Systems der sozialen Fürsorge, das neben Kindergärten auch Kinderhorte, Mütterberatungsstellen und Schulzahnkliniken umfasste.

Im Jahr 2005 gab es in ganz Österreich 4400 öffentliche Kindergärten, die rund 194 000 Kinder im Alter von drei bis sechs Jahren betreuten. Aber weil Kindergärten in die Zuständigkeit der Länder fallen, sind die Bedingungen nicht immer gleich: In Niederösterreich sind die Kindergärten gratis, in anderen Bundesländern nicht, und nicht alle bieten eine ganztägige Betreuung.

Es gibt auch private Kindergärten, die die Kinder nach speziellen pädagogischen Grundsätzen erziehen wie z. B. die Montessori- oder die Rudolf-Steiner-Kindergärten u. a.

Wien

Die Stadt Wien

Wien ist nicht die älteste menschliche Ansiedlung in Österreich – das ist Hallstatt in Oberösterreich. Der älteste Name von Wien, Vindobona, ist keltischen Ursprungs. So nannten dann auch die Römer ihre Festungsstadt an der Mündung des Wienflusses (der Wien) in die Donau.

Nach dem Zerfall des Römischen Reichs und dem Durchzug von Langobarden, Awaren, Petschenegen und Ungarn wurde Wien im 11. Jahrhundert unter den Babenbergern wiedergegründet und unter den Habsburgern ausgebaut. Wien wurde Zentrum eines mächtigen Reichs, zu dem Ungarn und Siebenbürgen gehörten, wie auch Kroatien, Slowenien, Bosnien, Galizien und die Bukowina, Südtirol, Görz und das Trentino. Lemberg (Ľviv), Prag (Praha), Pressburg (Bratislava), Budapest, Agram (Zagreb), Sarajevo, Laibach (Ljubljana) und Triest waren habsburgische Provinzstädte.

Die Habsburger waren Kaiser des Heiligen Römischen Reichs, seit 1526 auch Könige von Ungarn und ab 1804 Kaiser von Österreich. Zu römischen Kaisern wurden sie in Frankfurt gekrönt, zu Königen von Ungarn in Budapest (bzw. während der Türkenherrschaft über Ungarn in Pressburg). Regiert haben sie aber meistens in Wien (außer Friedrich III. in Graz und Rudolf II. in Prag).

Von der Römerzeit sind nur mehr Mauerreste erhalten (z. B. in Wien am Michaelerplatz, Am Hof, unter dem Hohen Markt), aus der Babenbergerzeit die Kirchen Maria am Gestade und der Stephansdom. Die Hofburg wurde von den Habsburgern erbaut und immer wieder erweitert. Unter Kaiser Franz Joseph wurden die Prachtbauten an der Ringstraße errichtet.

Die Wien (der Wienfluss)

Die Stadt Wien liegt bekanntlich an der Donau, aber auch an der Wien, einem kleinen und fast ausgetrockneten Flüsschen, das bei Pressbaum im Wienerwald entspringt. Von der Donau wird viel gesprochen und gesungen, die Wien wird aber fast nur im Zusammenhang mit dem »Theater an der Wien« genannt. Dieses Theater (in dem Mozarts »Zauberflöte« uraufgeführt wurde) liegt an der Linken Wienzeile, d. h. am linken Wienufer; von der Wien selbst ist nichts zu sehen, da der Fluss überbrückt und darauf der Naschmarkt errichtet wurde. Auch der anschließende Karlsplatz und der Heumarkt liegen über der Wien, die erst im Stadtpark wieder zum Vorschein kommt und hinter der Urania in den Donaukanal (der eigentlich ein Donauarm ist) mündet.

Wenn es aber einmal intensiv regnet, kann die Wien, wie auch die anderen Wienerwaldflüsse, in kürzester Zeit zu einem reißenden Ungeheuer werden: Ihre Wassermassen können sich bis zum 2000-Fachen (!) der normalen Menge vergrößern.

Wegen der ständig wiederkehrenden Überschwemmungen wurden bei Auhof große Staubecken errichtet, die die Wassermassen speichern sollen. Von dort weg wurde das Flussbett der Wien so großzügig ausgebaggert und ausgemauert, dass man darin über 100 Jahre später, beim Bau der U-Bahn, sogar noch für die Trasse der U4 genügend Platz gefunden hat. Auch einen Radweg wollte man in das Flussbett der Wien einbauen. Da aber die Hochwasser nicht nur mit gewaltigen Wassermassen, sondern vor allem auch unerwartet schnell daherkommen können, wäre das viel zu gefährlich und wurde wieder abgeblasen.

Die Wiener Hochquellenleitung

Vor 300 Jahren war das Wiener Trinkwasser von schlechter Qualität. Die rund 20 000 Häuser, die es in Wien damals gab, hatten eigene Brunnen, aber gleich daneben versickerten die Abwässer im Boden. Der Kaiser hatte es besser: Ein Reiter brachte ihm täglich ein Fässchen Wasser von einer Quelle im Höllental, die heute noch Kaiserbrunn heißt.

Aus dem Höllental kommt seit 1873 ein Großteil des Wiener Wassers. Dort, zwischen der Rax und dem Schneeberg, wird es in ausgemauerten unterirdischen Quellen gefasst und nach Wien geleitet. In dieser Leitung – Erste Wiener Hochquellenleitung genannt – fließt das Wasser mit natürlichem Gefälle die fast 100 km bis zum Rosenhügel in Wien. Aus dem dortigen Behälter rinnt es wiederum mit dem Druck der kommunizierenden Gefäße in die Wasserleitungen der Stadt.

Das Wasser ist so rein, dass es nicht chloriert werden muss. Wien ist die einzige Großstadt der Welt mit nicht chloriertem Wasser.

Nach dem Ersten Weltkrieg baute man eine zweite Hochquellenleitung nach Wien, und zwar vom Hochschwab in der Steiermark; und in den Sechzigerjahren untertunnelte man die Schneealpe von den »Sieben Quellen« mit einer Zuleitung zur Ersten Wiener Hochquellenleitung.

Wien wurde bereits im 19. Jahrhundert kanalisiert und die Abwässer unbehandelt in die Donau geleitet. Erst vor 30 Jahren wurde mit dem Bau der Hauptkläranlage begonnen, die alle Abwässer von Wien in einem Sammelkanal erfasst und in einem Klärwerk und in Absetzbecken reinigt. Jetzt kann man wieder Fische in der Donau fangen und diese auch ohne Bedenken essen.

Die Flugplätze von Wien

Der erste Wiener Flugplatz war ein See, nämlich der Wienerwaldsee. Dort machte 1907 der aus Böhmen stammende Ingenieur Igo Etrich seine ersten Flugversuche mit seiner selbst gebauten »Etrichtaube«, einem vogelähnlichen Flieger aus Holz, Draht und Leinen. Für die Wahl des »Versuchsgeländes« war wohl die Überlegung ausschlaggebend, dass ein Absturz aus geringer Höhe auf einer Wasserfläche weniger gefährlich sein dürfte als auf einem harten Feld. Außerdem ist der Wienerwaldsee nicht tief, sodass man auch kaum ertrinken kann. Die einsitzigen und einmotorigen »Etrichtauben« wurden dann aber in Berlin gebaut.

In Wien selbst wurde in Aspern im 22. Bezirk das erste »richtige« Flugfeld errichtet, das bis 1980 in Betrieb war. Heute stehen dort Wohnanlagen und eine Fabrik für Autogetriebe.

Außerhalb von Wien gibt es zwei weitere Flugplätze: einen in Bad Vöslau, einen anderen in Langenlebarn im Tullnerfeld. Während der Besatzungszeit (1945–1955) war Bad Vöslau der Flugplatz der Russen, Langenlebarn jener der Amerikaner. Von dort bin ich selbst (in einer Propellermaschine) zum ersten Mal nach Amerika geflogen – vier Stunden bis London und dann 18 Stunden nonstop über den Atlantik.

Heute fliegt man in der gleichen Zeit von Wien bis nach Australien. In Wien-Schwechat, dem größten Flugplatz Österreichs, landen jährlich über 12 Millionen Menschen, steigen dort um oder fliegen von dort weg. 30 000 Menschen sind dort beschäftigt. Der Flugplatz Bad Vöslau wird jetzt nur mehr von Privatfliegern benützt; Langenlebarn ist ein Flugplatz des Bundesheeres.

Einmal rundherum bis zur Urania

Ein Ring hat keinen Anfang und kein Ende, und zwei ineinanderge-
schlungene Ringe gelten daher als Symbol der Unendlichkeit und der
Ewigkeit.

Wien ist aber bekanntlich anders und der »Ring«, wie man zur
Ringstraße sagt, beginnt bei der Urania. Das ist das weiße Gebäude mit
der Sternwarte am Dach, direkt bei der Einmündung des Wienflusses
in den Donaukanal. Die Urania ist eine der ältesten Volkshochschulen
Österreichs.

Der Urania gegenüber liegt das ehemalige k. u. k. Kriegsministeri-
um (wo jetzt das Sozial-, das Wirtschafts- und das Landwirtschaftsmi-
nisterium untergebracht sind) und das neue, mit grünen und blauen
Glasurziegeln verzierte Verkehrsministerium sowie das Palais der Wiener Rettung (wo früher die Direktion der »Donaudampfschiffahrtsgesellschaft« untergebracht war).

Die Ringstraße führt rund um den 1. Bezirk an vielen Prachtbauten Wiens vorbei: an der Staatsoper, am Parlament, an der Hofburg, am
Burgtheater, am Rathaus und an der Universität.

Um den »Ring« herum kann man mit der Straßenbahn fahren. Das
dauert keine Ewigkeit, sondern nur 45 Minuten, aber an der Haltestelle beim Stubentor dürfen die Tramwayfahrer eine achtminütige Ruhe-
pause einlegen. Die steht ihnen sicherlich zu.

Und wo bleiben die ineinandergeschlungenen Ringe? Ja, die Straßenbahn fährt in beiden Fahrtrichtungen um den »Ring«, die eine linksherum, die andere rechtsherum. Nur die Autos müssen brav in einer
Richtung fahren: Für sie ist die Ringstraße eine Einbahn. Linksherum.

Der Balkan gleich hinter dem Rennweg

Als Kind konnte ich nie verstehen, wie denn die Türken zweimal Wien belagern und Niederösterreich und die Steiermark verwüsten konnten – liegen doch zwischen Österreich und der Türkei große Länder wie Ungarn, Rumänien, Bulgarien, Griechenland und Serbien: Haben denn die Türken alle diese Länder einfach übersprungen?

Übersprungen nicht, auch nicht überflogen. Es war einfach so, dass die Türkei vom 15. bis zum 17. Jahrhundert alle diese Länder nach und nach erobert hatte. Zuletzt lag die türkische Grenze beim Plattensee (Balaton) und Pressburg war eine österreichische Grenzstadt. Erst nach der Zweiten Türkenbelagerung von Wien (1683) und den darauf folgenden Türkenkriegen konnten die Heere Leopolds I. und Karls VI. Ungarn, Slawonien, die Vojvodina und Siebenbürgen zurückerobern und so die Basis für die spätere Doppelmonarchie Österreich-Ungarn legen.

Der siegreiche Feldherr der Österreicher, Prinz Eugen von Savoyen, durfte sich die Kriegsbeute mit dem Kaiser teilen und ließ zwei riesige Schlösser oberhalb des Rennwegs bauen, das Obere und Untere Belvedere. Darunter liegt das Palais Schwarzenberg und gegenüber das Botschaftsviertel – lauter noble Adressen.

Nichtsdestotrotz liegt heute noch für viele Österreicher der (ehemals türkische) Balkan »gleich hinter dem Rennweg«; so hat es jedenfalls noch 100 Jahre nach dem Ende der Türkenkriege, zur Zeit des Wiener Kongresses (1815) der österreichische Staatskanzler Fürst Metternich empfunden, als er einmal gefragt wurde, wo denn eigentlich der Balkan beginne.

Vom Brillantengrund zur Copa Kagrana

Dem Namen nach dürfte es eigentlich nur vier Stadt*viertel* geben, oft sind es aber mehr, wie eben in Wien die 23 Bezirke (1. Bezirk: Innere Stadt, 2. Bezirk: Leopoldstadt usw.).

Aber daneben gibt es in Wien auch noch alte Ortsnamen (z. B. Matzleinsdorf) und Bezeichnungen, die an bestimmte Gewerbe erinnern wie im 7. Bezirk der Brillantengrund. Dieser wurde nach den böhmischen Glasschleifern benannt, die dort die Tausenden von Glasperlen und Prismen für die im 19. Jahrhundert üblichen Luster schliffen. Auch die »Gürtler« waren dort zu Hause; sie stellten neben Gürtel- und Schuhschnallen die Messinggestelle und Gehänge der Luster her. Einer ihrer Nachfahren war Carl Auböck, der große österreichische Designer von Bestecken, Geschirr, Büroartikeln u. a.

Um 1870 kamen neue, ausländische Ortsnamen auf: zum Beispiel die »Cottage«, ein neues Villenviertel in Döbling. »Cottage« kommt aus dem Englischen und bedeutet *Hütte*, ausgesprochen wird es aber *Kotteesch*, was weder Englisch noch Französisch, sondern eben Wienerisch ist.

Auch jetzt ist Englisch modern: die UNO-*City* im 22. Bezirk, die Wienerberg-*City* (ein Wolkenkratzerviertel im 10. Bezirk) und die SCS, die Shopping-*City* Süd, die zwar am Stadtrand von Wien, aber in Niederösterreich liegt.

Schließlich kommt auch Portugiesisch und Italienisch zu Ehren: Die *Copa Kagrana* an der Donauinsel in Kagran (nach der Copacabana in Rio) und der *Monte Laa*, eine große Wohnhausanlage, die am Laaer Berg in Favoriten die Autobahn überbrückt.

Die Zollwache am Gürtel

Seit 1995 Österreich und 2004 auch die Nachbarländer Tschechien, die Slowakei, Ungarn und Slowenien der Europäischen Union (EU) beigetreten sind, gilt das Prinzip des freien Warenverkehrs; das heißt, dass zwischen den EU-Ländern keine Zölle eingehoben werden dürfen und dass es auch sonst keine Handelshindernisse (spezielle Einfuhrbewilligungen usw.) mehr geben darf. Damit wurde auch die Zollwache an Österreichs Grenzen überflüssig und daher aufgelöst. Die Zollbeamten wurden an die Polizei überstellt.

Gegründet wurde die Zollwache 1829. Sie war nicht nur zum Schutz der Staatsgrenzen Österreichs bestimmt, sondern war auch Finanzpolizei in Wien, Linz, Graz, Lemberg (L'viv), Prag, Laibach (Ljubljana), Brünn (Brno) und Triest. Dort wurden sogenannte Verzehrsteuern an den Stadtgrenzen eingehoben, also eine Maut auf mitgebrachte Lebensmittel. Einem Laib Brot musste zumindest ein Scherzel fehlen und eine Flasche wenigstens halb ausgetrunken sein, um als Mundvorrat zollfrei in die Stadt gebracht zu werden.

In Wien gab es 18 solcher Zollämter entlang des Linienwalls, dem heutigen Gürtel. Der 3,5 m hohe und genauso breite Linienwall war 1704 zum Schutz gegen ungarische Aufständische (unter Fürst Rákóczi) gebaut worden und wurde erst 1890 abgerissen. An seiner Stelle baute man dann den Gürtel und die Stadtbahn (heute U6).

In Graz und einigen anderen Städten wurde die Maut erst 1938 abgeschafft. Bis dahin wurden dort an den Stadtgrenzen sogar die Straßenbahnen, Fuhrwerke, Autos, Fahrräder und Fußgänger nach Essbarem durchsucht.

Die »Rauchfangkehrerkirche«

Üblicherweise werden christliche Kirchen, insbesondere katholische, nach Heiligen benannt, denen sie auch geweiht sind: Das gilt für die Peterskirche im 1. Bezirk genauso wie für den Stephansdom. Es gibt aber in Wien auch Kirchen, die nach ihrem Standort benannt sind, so z. B. Maria am Gestade (so nannte man früher das Donauufer) oder die Burgkapelle.

Es gibt aber auch Kirchen, die ganz offiziell nach *keinem* Heiligen benannt sind, wie z. B. die Dr.-Karl-Lueger-Gedächtniskirche am Wiener Zentralfriedhof. Lueger war von 1897 bis 1910 Bürgermeister von Wien. Unter ihm wurde der Zentralfriedhof geplant und eingerichtet, die Wiener Hochquellenleitung, die Stadtbahn (die heutige U6) und die »Verbindungsbahn« von Hütteldorf nach Heiligenstadt gebaut; die Straßenbahn, das Gaswerk und die Bestattung kamen zudem in die Verwaltung der Gemeinde Wien.

Die »Rauchfangkehrerkirche« auf der Wiedner Hauptstraße gibt es leider nicht mehr: Sie war eine Barockkirche, gleichzeitig Pfarrkirche von Matzleinsdorf und auch die Kirche der Rauchfangkehrer. Sie stand dem Verkehr im Weg (die Straßenbahn fuhr links und rechts um sie herum) und wurde 1963 wegen eines Straßenbahntunnels abgerissen. Heute werden historische Denkmäler anders behandelt, nämlich gerettet und renoviert.

Und da ist auch noch die »Wotrubakirche« in Mauer, ein moderner Bau aus wuchtigen Betonklötzen und Glas: Sie heißt natürlich nicht wirklich so, sondern ist dem heiligen Georg geweiht. Der Bildhauer Fritz Wotruba (1907–1975) war der geniale Architekt dieser Kirche.

Das alte AKH

Das Allgemeine Krankenhaus, kurz AKH genannt, wurde von Kaiser Josef II. gegen Ende des 18. Jahrhunderts erbaut und war das erste »richtige« Krankenhaus Österreichs. Der riesige Gebäudekomplex liegt an der Alser Straße und besteht heute noch. Rund 200 Jahre lang diente das AKH als Krankenhaus und Universitätsklinik.

Natürlich entsprach der alte Bau längst nicht mehr den Anforderungen der modernen Medizin und Krankenpflege. Ein Umbau hätte wenig gebracht und viel gekostet, und so entschloss sich die Gemeinde Wien, zusammen mit der Wiener Universität, ein ganz neues zentrales Spital zu errichten: das neue AKH am Währinger Gürtel. Es wurde nach über 20-jähriger Bauzeit Mitte der Neunzigerjahre fertiggestellt und ist eines der größten und modernsten Spitäler der Welt.

Die Gebäude des alten AKH wurden aber komplett renoviert und der Wiener Universität zur Verfügung gestellt. Jetzt sind dort die Sprachinstitute der Universität, von Latein bis zu Englisch, Russisch, Chinesisch usw., nebst anderen Instituten untergebracht. Das Hauptgebäude der Wiener Universität mit seinem Ehrenhof (mit den Büsten berühmter Professoren), dem Auditorium Maximum und dem Rektorat ist aber nach wie vor an der Ringstraße.

Damit kam die Wiener Universität erstmals zu einem richtigen Campus: Die Hörsäle und Seminarräume der Universitätsinstitute werden durch die Parkanlagen in den Innenhöfen des alten AKH harmonisch ergänzt. Auch einige Restaurants und Buchhandlungen haben dort ihren Platz gefunden.

Das Haus des Meeres

Das Haus des Meeres – ein Aquarium – ist in einem Betonklotz von abenteuerlichen Ausmaßen untergebracht: In einem sogenannten Flakturm, der während des Zweiten Weltkrieges als Geschützstellung für Fliegerabwehrkanonen (daher: Flak) gebaut wurde. Insgesamt wurden in Wien sechs Flaktürme errichtet: zwei im Arenbergpark im 3. Bezirk, zwei weitere im Augarten im 2. Bezirk, einer in der Stiftskaserne hinter der Mariahilfer Straße und schließlich jener Flakturm mit dem heutigen Haus des Meeres im Esterházypark.

Das Haus des Meeres wurde von Enthusiasten gegründet, aber von Beginn an von Meeresbiologen geführt und zeigt vom Hai bis zur Krabbe viele lebende Exemplare der Meeresfauna.

Militärisch waren die Flaktürme wertlos; sie konnten die Bombardierung von Wien nicht verhindern – 76000 Wohnungen wurden durch Bomben zerstört, weitere 101 000 beschädigt.

Für den größten Flakturm Wiens, den im Arenbergpark, wurden auf einer Fläche von 57 mal 57 m und einer Höhe von 42 m über 100 000 Kubikmeter Beton und mehr als 10 000 Tonnen Stahl verbaut. Die Wände sind 2,6 m, die oberste Decke ist 3,8 m dick. Der für den Beton nötige Schotter wurde mit Donaukähnen vom Aushub des Donau-Oder-Kanals geholt.

Abreißen könnte man diese Betonmonster nur unter enormen Kosten. Sprengen würde die benachbarten Häuser beschädigen. Der Flakturm in der Stiftskaserne wird jetzt vom Bundesheer als bombensicheres Rechenzentrum verwendet; die anderen Flaktürme stehen leer und werden wohl ewig an den Irrsinn des Zweiten Weltkriegs erinnern.

Die Zwingburgen

Im März 1848 kam es in Wien wie in fast ganz Europa zur Revolution. Die Bürger wollten endlich ihre bürgerlichen Freiheiten: die Rede- und Pressefreiheit, das Briefgeheimnis, Festnahme und Hausdurchsuchung nur auf richterlichen Befehl; die freie und geheime Wahl usw.

Wien wurde von den Aufständischen besetzt, der Kriegsminister an einem Laternenpfahl aufgehängt und die Regierung verjagt. Kaiser Ferdinand floh nach Kremsier (Kroměříž) in Mähren, wo er zugunsten seines Neffen Franz Joseph abdankte. Dieser schlug die Revolution gewaltsam nieder; ein Heer unter General Jellačić belagerte Wien und nahm es nach kurzem Widerstand ein. Die Führer der Aufständischen wurden erschossen. Der Ausnahmezustand wurde verhängt (und erst 1855 aufgehoben); wer aus Wien heraus oder in die Stadt hinein wollte, brauchte einen speziellen Pass.

Um sich gegen weitere Aufstände zu sichern, ließ Kaiser Franz Joseph I. in Wien drei große Zwingburgen bauen und militärisch besetzen: die Stiftskaserne, das Arsenal und die Rossauer Kaserne (bei ihrer Einweihung musste der Kaiser angeblich dorthin, wohin eben auch Kaiser zu Fuß gehen müssen, konnte das Örtchen aber nicht finden: Die Architekten hatten aufs WC vergessen!).

In der Stiftskaserne befindet sich jetzt der Generalstab des Bundesheers, im Arsenal das Wirtschaftsforschungsinstitut und das Heeresgeschichtliche Museum und in der Rossauer Kaserne sind jetzt Dienststellen der Wiener Polizei und des Innenministeriums.

Die Grundrechte wurden erst 1862 erlassen und sind bis heute ein wichtiger Teil der österreichischen Verfassung.

Der Seeheld am Praterstern

Österreich erstreckt sich vom Bodensee im Westen bis zum Neusiedlersee, dem »Meer der Wiener«, im Osten. Das nächste »richtige« Meer, die Adria, ist von Wien ca. 500 km, von der österreichischen Südgrenze rund 150 km entfernt.

Österreich hatte bis 1918 einen direkten Zugang zur Adria: 1382 unterstellte sich Triest der österreichischen Herrschaft und wurde zum wichtigsten Seehafen Österreichs. In den napoleonischen Kriegen fielen auch die dalmatinischen Häfen Spalato (Split), Ragusa (Dubrovnik) und Cattaro (Kotor) an Österreich, waren aber mangels Hinterland nur von lokaler Bedeutung.

Erst mit dem »Lloyd Triestino« entwickelte sich im 19. Jahrhundert die österreichische Linienschifffahrt zu einem bedeutenden Verkehrsträger in der Adria und im Mittelmeer, vor allem in Richtung der Levante (östliches Mittelmeer).

Eine richtige Seemacht wurde Österreich aber nie, obwohl im k. u. k. Kriegshafen von Pola (Pula) in Istrien eine bedeutende Flotte von Kriegschiffen versammelt war (die aber im Ersten Weltkrieg so gut wie nie eingesetzt wurde).

Österreich gewann aber im italienisch-österreichischen Krieg von 1866 bei der Adriainsel Lissa (Vis) eine Seeschlacht. Angeführt wurde die siegreiche österreichische Flottille von Admiral Wilhelm von Tegetthoff, einem gebürtigen Marburger, dem zu Ehren am Praterstern ein eher hässliches Denkmal errichtet wurde. Der gleichzeitig geführte Krieg mit Preußen endete mit der Niederlage von Königgrätz (Sadowa), und in den nachfolgenden Friedensverträgen musste Venezien an Italien zurückgegeben werden.

Die Leopoldstadt

Der 2. Bezirk, die Leopoldstadt, ist nicht der nobelste Bezirk von Wien, aber irgendwo müssen ja auch die sogenannten »kleinen Leut'« ihr Zuhause haben. Keine bedeutenden Monumente flankieren seine Straßen. Der 2. Bezirk liegt zwischen der Donau und dem Donaukanal, der eigentlich kein von Menschen gegrabener Kanal, sondern ein Donauarm ist.

Will man aber von der Donaustadt am anderen Donauufer oder vom Marchfeld in die Stadt kommen, fährt man über die Reichsbrücke und den Praterstern zur Urania und ist damit auf kürzestem Wege im Zentrum, wobei man den Mexikoplatz links liegen lässt. Der wurde erst nach dem Zweiten Weltkrieg so benannt, als Dank und Anerkennung für die Mexikanische Republik, die 1938 als einziger Staat der Welt offiziell gegen den »Anschluss« Österreichs an Hitlerdeutschland protestiert hatte.

Im 2. Bezirk sind zwei große Parks, der Augarten (wo auch das berühmte Augartenporzellan von der Wiener Porzellanmanufaktur erzeugt wird) und der Prater. Da ist der »Wurstelprater« mit dem Riesenrad, der Hochschaubahn, den Geisterbahnen und Schießbuden, Würstelständen und Bierhallen; das Messegelände, das Ernst-Happel-Fußballstadion, die Parkanlagen und Praterwiesen bis zum »Lusthaus« am Ende der Prater-Hauptallee; und die Freudenau, ein Pferderennplatz. Beim »Wurstelprater« kann man auch mit der Liliputbahn fahren, die so klein ist, dass der Lokführer rittlings auf seiner Lokomotive sitzt.

Vorstädte und Vororte

Wien besteht eigentlich aus drei konzentrischen Kreisen: Ganz innen ist der 1. Bezirk, die »Innere Stadt«, die den ältesten Teil der Stadt bildet und die auf das römische Militärlager Vindobona zurückgeht; Reste von Stadtmauern und Fundamenten wurden erst vor ein paar Jahren am Michaelerplatz, gleich neben der Hofburg, ausgegraben und zugänglich gemacht.

Die Innenstadt wird von der Ringstraße umgeben. Der »Ring« war eigentlich das Vorfeld vor den Stadtmauern, wo man freies Schussfeld haben wollte und wo daher nichts gebaut werden durfte. Erst 1857, unter Kaiser Franz Joseph I., wurden die Stadtmauern geschleift und das Vorfeld zur Bebauung (eben zum »Ring«) freigegeben.

Gleichzeitig wurden einige Vororte eingemeindet: Den zweiten konzentrischen Kreis bilden somit die jetzigen Bezirke 3 bis 9 zwischen dem »Ring« und dem »Gürtel« und die Leopoldstadt (2. Bezirk) jenseits des Donaukanals.

Die Eingemeindung der Vororte von Favoriten bis Döbling (10. bis 19. Bezirk) erfolgte 1890. Floridsdorf kam 1905 und die Donaustadt bzw. Liesing erst 1946 zur Gemeinde Wien. Wien wurde so zu einer Millionenstadt mit allen ihren Ansprüchen auf Wasserversorgung, Kanalisation, öffentliche Verkehrsmittel, Gas und Strom.

Während der Nazizeit wurden auch weitere Vorstädte von Wien wie z. B. Mödling und Schwechat eingemeindet, 1945 aber wieder dem Bundesland Niederösterreich zurückgegeben. Die Strom- und Gasversorgung dieser Vorstädte ist aber bei den Wiener Stadtwerken verblieben. Und die U-Bahn fährt auch nicht nach Niederösterreich.

Der Karl-Marx-Hof

»Ehre, wem Ehre gebührt« ist eine gute österreichische Redensart, und der Gemeindebau, der nach dem Verfasser des »Kommunistischen Manifests«, Karl Marx, benannt wurde, trägt seit 1945 seinen ursprünglichen Namen wieder zu Recht. Damit wurde an die Tradition der Ersten Republik angeknüpft, Wohnanlagen nach berühmten Politikern zu benennen. Es gibt z. B. ja auch einen George-Washington-Hof in Wien-Favoriten, der seinen Namen vom ersten Präsidenten der Vereinigten Staaten hat.

Der Karl-Marx-Hof (mit 1382 Wohnungen) wurde von der Gemeinde Wien zwischen 1926 und 1930 in Döbling errichtet. Die Wohnungen waren relativ klein (38-46 m²) und kosteten wenig Zins. Alle hatten eine Küche, ein WC und fließendes Wasser; zwei Drittel der Wohnungen hatten einen Balkon oder eine Loggia. Die weiten Innenhöfe der Wohnanlage boten Platz für Spielplätze und Parks. Es wurden auch Kindergärten und Büchereien eingerichtet. Insgesamt wurden von der Gemeinde Wien zwischen 1920 und 1933 300 solcher Wohnanlagen mit rund 64000 Wohnungen gebaut.

Berühmt wurde der Karl-Marx-Hof beim Kampf der sozialdemokratischen Arbeiter im Februar 1934; die Regierung vermutete dort das Zentrum des Aufstands (was gar nicht der Fall war) und ließ den Karl-Marx-Hof mit Kanonen beschießen. In ganz Österreich wurden Hunderte Aufständische eingesperrt, acht von ihnen zum Tode verurteilt und hingerichtet.

Der Karl-Marx-Hof wurde von 1989 bis 1992 renoviert und modernisiert. Wohnungen wurden zusammengelegt und erhielten nun alle Badezimmer und Zentralheizungen (Fernwärme).

Der Donau-Oder-Kanal

=

»Jeder macht einmal einen Fehler«, sagt man. Wien ist da *nicht* anders. Vor 150 Jahren hat man beim Bau der Rossauer Kaserne angeblich die Toiletten vergessen und die französische Botschaft steht verkehrt – mit der Rückseite zum Schwarzenbergplatz. Die Architekten hatten nämlich die Pläne für die Wiener Botschaft mit denen für die Botschaft in Konstantinopel verwechselt.

Mitunter merkt man erst mitten in der Arbeit, dass sie keinen Sinn hat: So geschehen mit dem Donau-Oder-Kanal, der Wien mit Mährisch-Ostrau (Ostrava) und mit der Ostsee verbinden sollte (wozu eigentlich?). Während des Zweiten Weltkriegs begonnen (mit dem Aushubmaterial wurden die Wiener Flaktürme gebaut) und schon 1943 wieder eingestellt, wurden nur drei, wenige hundert Meter lange Teilstücke bei Groß-Enzersdorf gebaut, ohne Verbindung mit der Donau. Nach dem Krieg hat man die Ufer an »Häuslbauer« verkauft (die jetzt im Donau-Oder-Kanal baden können). »Baden gegangen« ist dabei die Stadt Wien.

Aber auch das moderne Wien hat seine Fehler gemacht. So geht die U-Bahn nicht zum Südbahnhof und auch am Westbahnhof müssen die Passagiere ihre Koffer durch lange Gänge schleppen. Der geplante neue Zentralbahnhof soll zwar mit einer U-Bahnlinie verbunden werden, aber auf eine Verbindung mit einer zweiten U-Bahnlinie hat man verzichtet. Auch den Flugplatz kann man nicht mit der U-Bahn, sondern nur über eine Vorortlinie erreichen. Diese hat noch dazu keinen direkten Anschluss an die Hauptbahnhöfe der Südbahn bzw. der Westbahn. Wien ist wirklich anders.

Der Einsturz der Reichsbrücke

»Da fahrt die Eisenbahn drüber«, sagt man bei uns, wenn man etwas als unabänderlich und unvergänglich bezeichnen will; oder auch: »Da stürzt eher die Reichsbrücke ein«, bevor etwas absolut Unwahrscheinliches passiert. Aber am 1. August 1976 ist die Reichsbrücke über der Donau tatsächlich eingestürzt, Gott sei Dank um 5 Uhr früh an einem Sonntagmorgen. Außer einem einzigen Auto (dessen Lenker dabei umkam) fuhr zur Zeit des Einsturzes nur ein leerer Autobus auf der Brücke; der Fahrer wurde mit einem Hubschrauber gerettet.

Die Brücke wurde in den Dreißigerjahren komplett neu gebaut, 1937 feierlich eingeweiht und im April 1945 von österreichischen Widerstandskämpfern vor der Sprengung durch abziehende deutsche Truppen gerettet.

Und dann der Einsturz! Ein Brückenpfeiler soll schlecht betoniert gewesen sein, was aber nie bewiesen werden konnte: Daher war niemand schuld und Schadenersatzforderungen wurden abgewiesen. Es dauerte Monate, bis die Trümmer der eingestürzten Brücke aus der Donau herausgeholt werden konnten, gerade lange genug, um Pläne für eine neue Brücke zu zeichnen, die nun aber nicht nur für den Straßenverkehr, sondern auch für die U-Bahn gedacht war. 1980 konnte sie nach nur dreijähriger Bauzeit eröffnet werden.

Bis dahin musste der Schiffsverkehr auf der Donau über den Donaukanal umgeleitet werden. Der ist aber nicht breit genug, um Schiffe gleichzeitig in beide Richtungen fahren zu lassen. Eine Blockabfertigung musste daher eingerichtet werden, sodass die Schiffe nur im Konvoi entweder stromauf- oder -abwärts fahren durften.

Die UNO-City

In »Transdanubien«, wie der Wiener etwas herablassend die Stadtteile nördlich der Donau nennt, zwischen Kaisermühlen und dem Donaupark liegen die 120 m hohen Türme der UNO-City. Auf einem Y-förmigen Grundriss erbaut, sind sie Sitz verschiedener Teilorganisationen der Vereinten Nationen, wie der Internationalen Atomenergieorganisation (IAEO) oder des Büros für Drogen- und Verbrechensbekämpfung (UNODC). Damit ist Wien neben New York und Genf der dritte Sitz der Vereinten Nationen.

Im Kalten Krieg hat sich Österreich bemüht, Wien zu einem internationalen Zentrum zu machen, und hat deshalb Weltorganisationen wie der UNO einen Stützpunkt angeboten; aber auch die OPEC (Organisation erdölexportierender Länder) und die OSZE (Organisation für Sicherheit und Zusammenarbeit in Europa) haben ihren Sitz in Wien.

In den Jahren 1973–1979 haben die Republik Österreich und die Stadt Wien auf einem 18 ha großen Grundstück um fast 600 Millionen Euro das Vienna International Centre (die UNO-City) gebaut. Dort arbeiten über 4000 UNO-Beamte aus mehr als 100 Ländern. Die UNO zahlt zwar nur eine symbolische Miete von 7 Cent (1 Schilling) pro Jahr, trägt aber die Betriebskosten selber. Der wirtschaftliche Nutzen für Österreich (Gehälter, Büro- und Reisespesen usw.) soll über 350 Millionen Euro pro Jahr betragen. Der politische Nutzen ist noch bedeutender, wenn auch nicht in Geld messbar.

Die UNO-City ist exterritorial. Ihre Mitarbeiter arbeiten nach den Regeln der UNO, beziehen internationale Gehälter und können in der Mittagspause auf der Alten Donau surfen gehen.

Der »Wildschweintunnel«

===

Kleine Städte haben meist nur *einen* Bahnhof, manche haben keinen, aber die meisten Großstädte haben mehrere Bahnhöfe: Wien ist da keine Ausnahme. Das hat weniger mit der Größe der Stadt zu tun als vielmehr mit der Geschichte der Eisenbahnen. Die Südbahn war eine eigene Firma und hatte ihren Endbahnhof eben am damaligen Südrand von Wien, die Westbahn ihren Endbahnhof im Westen von Wien usw.

Wien hatte also den Südbahnhof (nach Triest), den Ostbahnhof (nach Budapest), den Nordwestbahnhof (nach Brünn), den Westbahnhof (nach Salzburg) und den Franz-Josefs-Bahnhof (nach Prag). Nach Pressburg (Bratislava) fuhr man mit der Straßenbahn. Der Ostbahnhof wurde 1945 mit dem Südbahnhof zusammengelegt, der Nordwestbahnhof wurde aufgelassen und ein Bahnhof Wien Mitte errichtet, der eigentlich nur eine Straßenbahnhaltestelle mit Bahnanschluss ist.

Die Verbindung der Bahnhöfe untereinander ist schlecht: Vom Südbahnhof zum Westbahnhof fährt man am besten mit der Straßenbahn oder, nach einem längeren Fußmarsch zum Südtirolerplatz, auch mit der U-Bahn; mit dieser kommt man auch zum Bahnhof Wien Mitte und zur Franz-Josefs-Bahn. Die Vorortlinie von Hütteldorf zur Franz-Josefs-Bahn ist für den Personenverkehr ohne große Bedeutung und war viele Jahre stillgelegt. Sie wurde aus militärischen Gründen gebaut.

Jetzt soll aber auf dem Gelände des Südbahnhofs ein Zentralbahnhof entstehen – mit direkter Verbindung zur Westbahn und einem Tunnel unter dem Lainzer Tiergarten, der daher im Volksmund »Wildschweintunnel« genannt wird.

Die Landwirte von Wien

Wien ist flächenmäßig das kleinste Bundesland Österreichs, aber mit 1,5 Millionen Einwohnern doch eine bedeutende Großstadt. Zählt man noch die Einwohner der angrenzenden Vororte und Nachbarstädte wie Schwechat, Korneuburg, Mödling, Klosterneuburg usw. dazu, kommt man leicht auf 2 Millionen Menschen, die sich auf kleinstem Raum zusammendrängen. Meint man. Aber fast ein Fünftel der Fläche Wiens wird landwirtschaftlich genützt.

In Wien gibt es über tausend landwirtschaftliche Betriebe, wovon fast die Hälfte Gemüsegärtner und ein Drittel Weinhauer sind. 70 Prozent des Wiener Frischgemüses wird von Wiener Gärtnern geliefert. Wien produziert auch mehr Getreide als Salzburg, Tirol und Vorarlberg zusammen. Nur Viehwirtschaft gibt es in Wien eigentlich keine.

Da sind die Hausgärten und Kleingartenanlagen (z. B. die Schrebergärten auf der »Schmelz«) noch nicht mitgerechnet, auch nicht die Parkanlagen und der »Grüngürtel«. Und der riesige Grundbesitz der Stadt Wien auf der Rax, am Schneeberg und am Hochschwab (in Niederösterreich bzw. in der Steiermark) dient als Quellschutzgebiet, um das Wasser der Wiener Hochquellenleitungen vor Verunreinigungen zu schützen. Die Stadt Wien ist damit einer der größten Grundbesitzer in ganz Österreich.

Kein Wunder, dass der jetzige Bürgermeister und Landeshauptmann von Wien, Michael Häupl, vom Bundespräsidenten mit dem Berufstitel »Ökonomierat« ausgezeichnet wurde, der sonst nur an verdiente Landwirte und Bauern verliehen wird. Häupl ist jedenfalls promovierter Biologe.

Der Tote auf der »Norwegerwiese«

Wer glaubt, dass man bei uns in Österreich nur in Kitzbühel oder am Arlberg Ski fahren kann, der irrt. Sogar in Wien wurden schon richtige internationale Skirennen abgehalten, etwa 1967 der Parallelslalom auf der Hohe-Wand-Wiese bei Mauerbach (wo der Parallelslalom überhaupt erfunden wurde). Immerhin gibt es dort einen 400 m langen Schlepplift, dessen »Talstation« man mit der U4 und der Autobuslinie 249 von Hütteldorf aus schnell erreichen kann.

Weiter nördlich in Richtung Kahlenberg, beim Hermannskogel, liegt eine andere Skiwiese, die »Norwegerwiese«. Dort soll in den Anfangsjahren des Skilaufs, so um die Jahrhundertwende herum, ausgerechnet ein norwegischer Skiläufer erfroren aufgefunden worden sein.

Jetzt wird entlang der Prater-Hauptallee bei ausreichender Schneelage eine Langlaufloipe gespurt, und mitten im Prater, auf der Jesuitenwiese, hat man einen Rodelhügel errichtet. Zum Rodeln werden auch in Neustift und in Grinzing einige Straßen für den Autoverkehr gesperrt. Zu Winterbeginn baut die Stadt Wien am Heldenplatz einen Snowboardhügel und eine Langlaufloipe. Jeder kann dort »gegen die Uhr« laufen oder seine Snowboardkünste herzeigen.

Und im Wienerwald, hinter Kaltenleutgeben, gibt es *noch* eine »Norwegerwiese«, mit einem kleinen Schlepplift und einer Hütte der Bergrettung. Dort ist aber kein Norweger erfroren; die Wiese dürfte wohl nach dem nahe gelegenen »Neuwegerhof« benannt worden sein; aber »Norwegerwiese« klingt irgendwie geheimnisvoller und macht den Skiausflug erst richtig spannend.

Der Wind, das himmlische Kind ...

Was hat Wien mit Chicago gemeinsam? – nein, nicht Al Capone und seine Gangster (die sind schon lange tot und da wie dort gibt es Verbrecher), sondern den Wind. Der strömt ungebremst vom Michigansee auf Chicago, die »windy city«, herein. Bei uns aber staut sich der Wind an den Alpen und pfeift dann wie durch eine Düse durch den Donaudurchbruch zwischen Klosterneuburg und dem Bisamberg. In Wien ist es daher immer windig, aber dafür hat Wien eine gute Luft – ja, der Wind, das himmlische Kind!

Und weil die Alpen nicht nur den Westwind, sondern die Winde aus allen Richtungen bremsen, ist das Wetter in Österreich schwierig vorherzusagen. Das Azorenhoch bringt Sonnenschein, ein Hoch über Russland Frost. Ein Atlantiktief bringt Regen, ein Mittelmeertief auch. Aber weil die Alpen nicht nur den Wind, sondern auch die Wolken abfangen, regnet es in Wien verhältnismäßig selten.

Vielleicht sollte man mehr auf die Wetterregeln der Bauernkalender achten: »Ist's zu Lichtmess [2. Februar] hell und rein, wird's ein langer Winter sein, wenn es aber stürmt und schneit, ist der Frühling nicht mehr weit.« – »Märzenregen bringt keinen Segen.« – »Erst Mitte Mai ist der Winter vorbei.« Oder: »Bei Mariae Geburt [8. September] fliegen die Schwalben furt (fort)«, aber die fliegen auf jeden Fall nach Afrika, Wind hin oder her.

Zwei Bauernregeln stimmen aber immer: »Kräht der Hahn am Mist, ändert sich's Wetter oder es bleibt wie's ist« und »Schneit's im Mai, ist der April vorbei«.

Die Wiener Küche

Wien war jahrhundertelang »Haupt- und Residenzstadt« Österreichs, d. h. Sitz des Kaisers und der Regierung, und zog damit auch viele Adelige und hohe Beamte an. Sie bauten ihre eigenen Paläste und hatten ihre eigene Dienerschaft; für die Bedürfnisse des täglichen Lebens sorgte die Bürgerschaft mit ihren eigenen Dienstboten und Köchinnen.

Diese Dienstboten kamen vor allem aus Mähren, dem östlichen Teil Tschechiens. Die Köchinnen brachten ihre eigenen Kochrezepte mit und verständigten sich mit ihren Hausfrauen auf »Kuchlböhmisch«, einem mit Tschechisch gespickten Deutsch: »Powidl« für Zwetschkenmarmelade, »Škubanki« für Erdäpfelnudeln. Oder auch umgekehrt: »štrúdl« für Strudel und »šnops« für Schnaps.

Nicht alle Kochrezepte kamen jedoch aus Mähren. Das Wiener Schnitzel ist eigentlich eine »costoletta milanese« und wurde von den Köchen der österreichischen Armee, die Mailand bis 1859 besetzt hatte, übernommen. Die Palatschinken kommen aus Ungarn, die Erdäpfelknödel aus Böhmen.

Zum Unterschied von den böhmischen »knedliky« werden für die Waldviertler Erdäpfelknödel nur Erdäpfel verwendet und kein Gries oder Eier dazugegeben. Hier eines der vielen Rezepte:

1 kg rohe, mehlige Erdäpfel werden geschält und gerieben und in einem Tuch ausgepresst. 0,5 kg gekochte, speckige Erdäpfel werden geschält, zerdrückt, mit den rohen Erdäpfeln vermischt, gesalzen, zu Knödel geformt und in Salzwasser 10–15 Minuten gekocht. Serviert werden sie vor allem zu Schweinsbraten, Gansl- und Entenbraten und zu Wildgerichten. Gesegnete Mahlzeit!

Wie man Wiener wird

Zuallererst sollte man sich daran erinnern, dass die meisten Wiener »Zuagraaste«, also Zugereiste sind, und zwar solche aus der Provinz (die »G'scherten«), oder vom Balkan (die »Tschuschen«) oder aus Deutschland (die »Piefke«). Die meisten echten Wiener stammen aber aus Böhmen, und daher ist es am besten, einen tschechischen Namen zu tragen, z. B. Novotný oder Matějka. Es empfiehlt sich allerdings, die Stricherln und Hatscheks wegzulassen (also Novotny oder Matejka), weil man sonst für einen richtigen Tschechen gehalten werden könnte, was paradoxerweise nicht so populär ist. Hat man keinen tschechischen Namen parat, ist es immer günstig, wenigstens auf eine böhmische Großmutter verweisen zu können oder eine solche zu erfinden; jeder Wiener hat mindestens eine.

Weiters sollte man raschest das Wienerische erlernen, also diese leicht schleppende Redeweise, in der die Hauptwörter auf *–erl* enden, z. B. »Tschapperl« für ein einfältiges, aber sonst nettes Haserl (Häschen); *k* wird wie *g* (*Gagao* statt *Kakao*), *eu* und *ei* wie *ä* ausgesprochen (z. B. *däätsch* statt deutsch); in Wörtern wie »Milch« oder »Kanal« ist das *l* wegzulassen, also *Müüch* bzw. *Kanäü*, sofern es sich nicht um das »Meidlinger-l« handelt, wie in *Zwirnknäulerl,* das man gehört haben muss und das nur schwer schriftlich wiederzugeben ist. Überhaupt können viele Wiener Ausdrücke nicht schriftlich wiedergegeben werden, jedenfalls nicht in einer seriösen Publikation. Und will man jemandem ausdrücklich nahe legen zu verschwinden, genügt ein »Reis ä' (ab)!« oder ein »Schleich di' (dich)!«, was aber bereits auch in die österreichische Gemeinsprache Eingang gefunden hat.

Niederösterreich

Der Escorial an der Donau

Als Kaiser Maximilian, »der letzte Ritter«, 1519 starb, wurde sein Reich unter seinen Enkeln Karl V. (der Spanien und Amerika bekam) und Ferdinand I. (der Österreich erhielt) aufgeteilt. Die spanische Linie errichtete bereits 1583 den Escorial, ein riesiges Schloss als Residenz und Grabstätte in der Nähe von Madrid. Karl VI., der Nachfahre Ferdinands und Vater von Maria Theresia, wollte mit einem ähnlich großen Gebäude die Macht des Hauses Österreich demonstrieren und baute das Stift Klosterneuburg aus. Bis 1739 wurde das nordöstliche Viertel der geplanten Anlage fertig (welches aber immer noch beeindruckend groß ist); der weitere Bau wurde eingestellt. Zwischen dem Wienerwald und der Donau, und gleich hinter dem Leopoldsberg gelegen, sollte das Stift zwei gleichartige Teile haben, um zu zeigen, dass Kaiser und Kirche gleichberechtigt unter einem Dach leben können. Dazu kam es aber nie.

Das Stift Klosterneuburg ist jetzt das größte Weingut Österreichs. An der dortigen Weinbauschule wurde schon 1861 die sogenannte Klosterneuburger Mostwaage (KMW) erfunden, mit der man den Alkoholgehalt des Weins bestimmen kann: Weil Alkohol leichter als Wasser ist, sinkt ein »Schwimmer« umso tiefer in das Probegefäß ein, je mehr Alkohol der Wein enthält; der Gewichtsanteil des Alkohols kann dann an einer Skala abgelesen werden, muss aber nach komplizierten Formeln in Volumenanteile umgerechnet werden – wobei ganz grob 2°KMW etwa 1 Volumenprozent Alkohol entsprechen.

Uns kann das gleich sein, solange wir als Autofahrer nicht mehr als 0,5 Promille Alkohol im Blut haben, was aber nach einem ganz anderen Verfahren – mittels des »Röhrls« – gemessen wird.

Das Wegerl im Helenental

»Ich kenn ein kleines Wegerl im Helenental, das ist für alte Ehepaare viel zu schmal, die Jungen aber müssen eing'hängt gehn, und das ist schön ...« sang Hermann Leopoldi, ein Entertainer der Dreißigerjahre, und »das Gras, das dorten wachst, macht keine grünen Fleck', beim ersten Busserl schaun sogar die Bäume weg und kriegen dann als Dank dafür ein Herz mit Jahreszahl, im lieben kleinen Wegerl im Helenental.« – Und wo das Helenental aufhört, liegt Baden, eine Stadt klassizistischer Bürgerhäuser, Parks und Herrschaftsvillen: eine klassische Kurstadt, in deren heißen Quellen schon die Römer gebadet haben. Das Hallenbad heißt daher auch »Römertherme« und ein Strandbad – mit richtigem Sand – gibt es auch. Das Stadttheater und die Sommerarena (eine Freiluftbühne), ein Spielcasino und eine Pferderennbahn sorgen für weitere Unterhaltung. Der letzte Habsburgerkaiser, Karl I., war in Baden auf Sommerfrische, und die russische Besatzungsarmee hatte dort ihr Hauptquartier (einer ihrer Verbindungsoffiziere war Boris Pasternak, dessen Roman »Doktor Schiwago« ein Welterfolg wurde; Pasternak erhielt 1958 den Nobelpreis für Literatur).

Das »Lumpentürl«, im Mittelalter ein Schleichweg für die Zecher, die sich in den Weinschenken der Umgebung verspätet hatten und nach dem abendlichen Torschluss nicht mehr in die Stadt hineinkonnten, gibt es noch. Die Lumpen auch, aber die Stadttore sind längst geschleift worden.

Baden ist auch Ausgangs- und Endpunkt der »Badner Bahn«, einer Straßenbahn, die den Einwohnern von Baden, Mödling, Wiener Neudorf, Alterlaa usw. eine schnelle Verbindung bis ins Zentrum von Wien – bis zur Staatsoper – bietet.

Die neue Landeshauptstadt

Niederösterreich gibt es seit fast tausend Jahren, aber eine eigene Landeshauptstadt – St. Pölten – erst seit 1998. Bis dahin war Wien auch die Hauptstadt von Niederösterreich.

Aber zu einem Land gehört auch eine eigene Hauptstadt und so wurden die niederösterreichischen Wähler befragt, welche Stadt sie als Hauptstadt wollen: St. Pölten gewann vor Krems und Tulln. Für die Landesregierung wurde ein modernes Verwaltungszentrum gebaut und Tausende Beamte mussten von Wien nach St. Pölten übersiedeln. Das neue Landhaus (wo der Landtag tagt) und die Amtsgebäude, das Festspielhaus und der Klangturm (ein Glockenspiel) liegen an den Ufern der Traisen; normalerweise ein kleiner Fluss, hat sie aber beim großen Hochwasser 2002 das neue Regierungsviertel überschwemmt.

St. Pölten ist durch die Übersiedlung der Landesregierung keine Großstadt geworden, aber viele Gebäude wurden renoviert und neue Gaststätten und Geschäfte eröffnet. Und weil St. Pölten nicht in der Mitte von Niederösterreich liegt, wurden neue Autobuslinien (die »Wiesel«) geschaffen, die morgens und abends die entferntesten Winkel von Niederösterreich mit St. Pölten verbinden. Auch der ORF hat sein Landesstudio ausgebaut und damit die Bedeutung St. Pöltens als Kulturzentrum verstärkt.

Der Name der Stadt kommt vom heiligen Hippolyt, dessen Namen unsere Vorfahren nicht richtig aussprechen konnten und in *Pölten* verwandelten. Er erteilt der Stadt aber trotzdem seinen Segen – St. Pölten ist ja auch Bischofssitz.

Musikanten

===

Lesen, Schreiben und Rechnen hat jeder einmal lernen müssen, aber Singen und Musizieren ist lustiger. Daher steht Musik auch auf dem Lehrplan der Volks- und Mittelschulen, aber mit ein bis zwei Wochenstunden ist das recht wenig. So hat man neben den normalen Schulen auch öffentliche Musikschulen geschaffen, die von den Gemeinden eingerichtet und erhalten werden. Die Schüler müssen Schulgeld zahlen; das Land Niederösterreich hat sich im Musikschulgesetz zu geregelten Zuschüssen verpflichtet.

Niederösterreich hat traditionelle Beziehungen zur Musik: Josef Haydn, Franz Schubert und Ignaz Pleyel (Musiker und Klavierbauer – nach ihm ist die »Salle Pleyel«, ein berühmter Pariser Konzertsaal, benannt) sind in Niederösterreich geboren. Ludwig van Beethoven verbrachte seine Sommer gern in Baden oder Mödling. Dort hat ihn übrigens das Gefiedel einiger Musikanten im Wirtshaus »Zu den zwei Raben« so gestört, dass er für sie die »Mödlinger Tänze« komponiert hat.

153 Musikschulen gibt es in Niederösterreich. Man kann dort alle Musikinstrumente lernen, von Geige und Klavier bis zu den verschiedensten Blasinstrumenten. Die Musikschulen veranstalten jedes Jahr den Wettbewerb »Prima la Musica«, bei dem 2004 282 Ensembles und 385 jugendliche Musiker ihr musikalisches Können bewiesen haben.

Klassische Musik spielt seit 1946 das Niederösterreichische Tonkünstlerorchester, das jetzt im Festspielhaus St. Pölten »zu Hause« ist; es tritt regelmäßig in ganz Niederösterreich auf. Es hat aber auch schon Gastspiele in den USA, Japan und Korea absolviert.

Die Zauberberge

Auf den »Zauberbergen« wird man zu einem anderen Menschen: man ist unbeschwert, man vergisst seine Sorgen, alles wird plötzlich leichter und man kommt erholt nach Haus.

Solche »Zauberberge« sind im Süden von Wien der Semmering, die Rax und der Schneeberg. Seit man mit der Eisenbahn auf den Semmering fahren konnte, entstanden dort große Hotels, die es den reicheren Wienern ermöglichten, dort ihre Wochenenden und die Ferien zu verbringen. Die Semmeringbahn überquert auf einem großen halbkreisförmigen Eisenbahnviadukt das romantische Schwarzatal bei Payerbach-Reichenau. Auch dort bauten sich reiche Leute ihre Sommervillen.

Tennisplätze und Schwimmbäder wurden errichtet, und als um die Jahrhundertwende der Skilauf modern wurde, erhielt der Semmering sogar eine Sprungschanze. Und um den Touristen den Anstieg auf den Schneeberg zu erleichtern, baute man eine Zahnradbahn hinauf, die heute noch Tausende Bergsteiger auf fast 2000 m Seehöhe bringt. Seit 1926 führt eine Seilbahn auf die Rax, die die Wanderer in zehn Minuten auf die Hochfläche der Rax befördert.

Auf den Bergen errichteten alpine Vereine Schutzhütten: z. B. das Ottohaus auf der Rax oder die Fischerhütte auf dem Schneeberg. Dort können Bergsteiger billig übernachten. Zu den Schutzhütten und den Gipfeln der Berge führen markierte Wege, damit sich die Wanderer nicht verirren. Trotzdem kommen jedes Jahr, besonders bei Nebel und im Winter, etliche Menschen in Bergnot und müssen von der Bergrettung geborgen werden. Die Zauberberge haben eben auch ihre dunkle Seite.

Der Semmering

Wenn man von Wien nach Graz oder Klagenfurt oder noch weiter, vielleicht nach Triest, will, muss man über den Semmering. Triest liegt am Adriatischen Meer, gehörte bis 1918 zu Österreich und war sein wichtigster Hafen.

Der Semmering ist kein hoher Pass, nicht einmal 1000 m ist er hoch. Heute führt eine gute Straße über den Semmering und seit 150 Jahren fährt die Eisenbahn in einem 970 m langen Tunnel unter ihm durch. Aber da haben die Züge zwischen Payerbach-Reichenau und dem Bahnhof Semmering schon durch 16 Tunnel und über 13 Viadukte hinauffahren müssen. Die Semmeringstrecke war die erste Gebirgsbahn der Welt und zählt deshalb zum Weltkulturerbe der UNESCO.

Früher war die Verkehrsverbindung in den Süden und zum Meer schlecht: Das Problem waren die Schluchten vor dem Semmering, Schottwien und die Adlitzgräben, durch die nur schmale Wege führten. Erst 1728 ließ Kaiser Karl VI. eine Straße über den Semmering bauen.

1830 begann man mit dem Bau der Eisenbahn. 1837 konnte man von Wien bis Gloggnitz fahren. Aber dann baute Karl Ritter von Ghega, ein Ingenieur aus Venedig, die Bergbahn über den Semmering. 15 Jahre lang wurden Felsen gesprengt, Tunnel gebohrt, Viadukte gebaut und Gleise gelegt. Bis zu 20000 Menschen waren beschäftigt; mehr als 1000 von ihnen kamen durch Unfälle, aber auch durch eine Cholera-Epidemie ums Leben.

Im Jahre 1854 konnte dann endlich der erste Zug über den Semmering fahren. Mein Urgroßvater war dabei. Er war der erste Bahnhofsvorstand der »Südbahn« in Bad Vöslau.

Das Industrieviertel

Niederösterreich wird in Viertel eingeteilt: im Nordwesten das Wald-viertel, im Nordosten das Weinviertel, zwischen der Donau und den Alpen das Mostviertel und schließlich südlich von Wien das Industrie-viertel. Das war früher ein armes Land, wie das Steinfeld südlich von Wiener Neustadt, wo auch heute nur dürre Föhren wachsen.

Mit dem Bau der Südbahn von Wien nach Triest wurde diese öde Gegend aber für die Industrie interessant: Mit der Eisenbahn konnte Rohmaterial, aber auch Kohle für die Dampfkessel der Fabriken billig angeliefert und Fertigwaren schnell ausgeliefert werden. So entstanden in wenigen Jahren ein Stahlwerk in Ternitz, eine große Schraubenfab-rik in Neunkirchen, Textilfabriken in Vöslau und in den ersten Jahren des 20. Jahrhunderts sogar eine Autofabrik in Wiener Neustadt. Dort war Ferdinand Porsche Chefkonstrukteur; seine berühmten Sportwä-gen wurden dort aber nie gebaut. Einer seiner Mitarbeiter war übri-gens Josip Broz, der später als Marschall Tito Präsident von Jugosla-wien wurde.

Im Zweiten Weltkrieg wurde in Wiener Neustadt eine Flugzeug-fabrik gebaut, in der Jagdflieger für die deutsche Luftwaffe erzeugt wur-den. Das war auch der Grund, warum Wiener Neustadt immer wieder bombardiert wurde. 70 Prozent aller Häuser von Wiener Neustadt wur-den dabei zerstört.

Heute ist Wiener Neustadt wieder aufgebaut, aber die Schraubenfab-rik, die Textilspinnereien und die Autofabrik gibt es nicht mehr. Andere und modernere Unternehmen haben im Industrieviertel neue Fabriken gegründet und geben so Tausenden Menschen Arbeit und Brot.

Der Wiener Neustädter Kanal

Nach der Türkenbelagerung von 1683 blühte die Stadt Wien wieder auf und hatte am Ende des 18. Jahrhunderts 231 000 Einwohner. Die Bauern der Umgebung konnten die Stadt mit Lebensmitteln gut versorgen, aber das Heizen war ein Problem: Kohle gab es keine, und wenn, wie hätte man sie transportieren sollen? Die Eisenbahn war ja noch nicht erfunden. Man heizte daher mit Holz.

Hinter der Rax, zwischen dem Höllental und Mariazell, liegt ein riesiger Wald, der Neuwald. Dort waren genug Bäume, um Wien mit Brennholz zu versorgen. Aber wie sollte man es nach Wien bringen? Es war am einfachsten, die Baumstämme zu »flößen«, das heißt, schwimmen zu lassen. Die Schwarza war dafür gut geeignet, aber sie fließt nicht nach Wien, sondern in die Leitha und die fließt nach Ungarn.

Da beschloss man, einen Kanal zu bauen, der von Neunkirchen bzw. Pöttsching über Wiener Neustadt bis nach Wien führen sollte. 1803 war er fertig und wurde Wiener Neustädter Kanal genannt. Er war 70 km lang und in den Schleusen 8 Fuß breit. An die 90 Schleusen, jede 1 bis 2 m hoch, gleichen das Gefälle aus. Der Kanal wird sogar in Brücken über die Triesting und die Schwechat geführt. So konnte man die riesigen Holzmengen aus dem Neuwald billig nach Wien transportieren.

Der Wiener Neustädter Kanal besteht noch heute, hat aber seine Funktion verloren. Er geht auch nicht mehr bis nach Wien, sondern fließt in den Mödlingbach; der mündet in die Schwechat und diese in die Donau – fast alle Flüsse fließen in Österreich in die Donau, wenn vielleicht auch über die Umleitung des Wiener Neustädter Kanals.

Der Türkensturz

Zwischen Aspang und Seebenstein sieht man rechter Hand auf einem hohen Felsen eine Ruine. Das ist der »Türkensturz«. Der Sage nach sollen dort während der Türkenkriege türkische Soldaten hinuntergestürzt worden sein. Ob es wirklich so war, wissen wir nicht. So viel ist aber sicher: Die Ruine ist nicht »echt«, sondern wurde von Romantikern um 1820 als Ruine aufgebaut. Nachgemachte Ruinen waren damals groß in Mode. Der »Schwarze Turm« und das »Pfefferbüchsel« in der Hinterbrühl sind ebenfalls »unechte« Ruinen.

Auch die Burg Liechtenstein in Maria Enzersdorf ist ein Produkt des 19. Jahrhunderts. Man muss dem Fürsten Liechtenstein dafür dankbar sein, dass er zur Zeit ihrer Erbauung auch die Brühl aufgeforstet hat, und zwar mit der Österreichischen Schwarzföhre, die in ganz Österreich nur dort (und bei Neunkirchen) vorkommt. Die Setzlinge mussten im steilen Felsgelände händisch eingesetzt und gegossen werden. So ist die Brühl heute ein Waldgebiet anstatt einer Felsenwüste. Der Fürst hat dort auch den »Husarentempel« erbaut, in dem die sieben Reiter bestattet sind, die ihm 1805 bei der Schlacht bei Aspern das Leben gerettet hatten.

»Echte« Ruinen gibt es aber in Niederösterreich auch, vor allem die Ruine Starhemberg bei Oberpiesting, die bei der Türkenbelagerung 1683 Zufluchtsort für mehr als 10000 Verfolgte war. Und »echte« Burgen und Schlösser gibt es zur Genüge: Etwa die Rosenburg im Kamptal oder die Marchfeldschlösser (Schloss Niederweiden und Schloss Hof, wo jetzt eine Außenstelle des Tierparks Schönbrunn untergebracht ist).

Der Wienerwald

Noch vor wenigen hundert Jahren war der Wienerwald ein menschenleerer Urwald, in dem nur wilde Tiere, Wölfe und Bären lebten. Allein im Bezirk Baden wurden zwischen 1603 und 1717 65 Bären erlegt, woran ein Denkmal an der Straße von Berndorf nach Bad Vöslau erinnert.

Die ersten Siedler waren Mönche, die 1133 das Kloster Heiligenkreuz wie auch die Kirche in Kleinmariazell erbauten. Die Mönche waren aber nicht nur zum Beten gekommen, sondern sie rodeten den Wald, bestellten Wiesen und Felder und bauten dort Getreide an. An den sonnigen Abhängen des Wienerwalds pflanzten sie sogar Weinstöcke aus. Noch heute gehören Teile des Wienerwalds dem Kloster Heiligenkreuz. Ein Siedlungsgebiet mit vielen Dörfern wurde der Wienerwald aber nie, dazu war es dort zu kalt.

Wie schon der Name sagt, beginnt der Wienerwald in Wien. Er wird im Südosten von der »Thermenlinie« Oberlaa–Baden–Bad Vöslau begrenzt (wo warme Quellen und jetzt Thermalbäder sind). Im Süden begrenzt ihn die Piesting und das Gölsental, im Westen das Traisental, im Norden das Tullnerfeld. Ungefähr 1360 km² ist er groß.

Vor etwa 130 Jahren wollte man den Wienerwald »abholzen« und die Bäume als Brennholz verkaufen. Dem Mödlinger Bürgermeister Josef Schöffel gelang es, den Kaiser und die Regierung davon zu überzeugen, dass der Wienerwald ein wichtiges Erholungsgebiet ist. Die Schlägerungen wurden eingestellt und die »Verhüttelung« weitgehend verboten. Heute ist der Wienerwald von Wanderwegen durchzogen. Tausende Wanderer, Spaziergänger, Läufer und Radfahrer finden in ihm Erholung.

Das »Mautwirtshaus«

Im »Mautwirtshaus« im Zentrum von Mödling wird nicht nur gegessen und getrunken, sondern auch Theater gespielt. Der Wirt, Franz-Joseph Mayer, baute 1989 im Keller und im Dachgarten seines sonst eher unauffälligen Gasthauses die »Bühne Mayer«, auf der seither regelmäßig Sänger, Kabarettisten und Unterhalter auftreten. Und weil er selbst ein Schalk war, brachte er statt der *blau-weißen* Tafel des Denkmalamtes (wo auf Deutsch, Englisch, Französisch und Russisch darauf hingewiesen wird, dass dieses historische Gebäude nach der Haager Konvention im Krieg geschont werden muss) eine *weiß-blaue* Tafel an, die besagt, dass dieses Wirtshaus *kein* historisches Gebäude ist und im Krieg zerstört werden *darf.*

Das »Mautwirtshaus« ist nur eines der vier oder fünf Theaterwirtshäuser in Niederösterreich; in Gutenbrunn im Weinsberger Wald hat Dieter Juster sein Bühnenwirtshaus aufgebaut, in Pürbach bei Schrems gibt es das »Wald4tler Hoftheater« und in Hohenberg ist das Extrazimmer des Gasthauses »Zu den zwei Linden« zur Bühne geworden. Im »Schwarzen Adler« in Gumpoldskirchen treten sogar Sänger der großen Wiener Theater auf.

»Richtige« Theater gibt es in Niederösterreich auch, aber nicht mehr viele. Das Fernsehen hat ihnen die Besucher weggenommen. In der Kurstadt Baden wird im Stadttheater (und im Sommer in der »Sommerarena«) meist Operette gespielt. In St. Pölten gibt es das Landestheater und das Festspielhaus, wo auch Ballettgruppen auftreten, und in Mödling die »Mödlinger Bühne«.

Dazu kommen noch die vielen Sommertheater: Gars am Kamp, Stockerau, Perchtoldsdorf u. a.

Die Wachau

Wenn man von Linz (»an der Donau«) nach Wien (»an der schönen blauen Donau«) fährt, gleichviel, ob mit der Eisenbahn oder auf der Autobahn, bekommt man die Donau ein einziges Mal zu sehen – bei Melk am oberen Ende der Wachau. Eigentlich fällt der Blick zuerst auf ein riesiges Barockkloster, das auf einem Felsen hoch über der Donau steht – das Stift Melk. 985 vom Babenberger Markgrafen Leopold I. gegründet, wurde es Anfang des 18. Jahrhunderts von Jakob Prandtauer neu gestaltet und prächtig ausgebaut. Das Kloster besitzt eine berühmte Bibliothek und Bildersammlung, betreut eine Reihe katholischer Pfarren und führt ein Privatgymnasium.

»Die Wachau« heißt das tief in die Granitfelsen eingeschnittene Donautal zwischen Melk und Krems. Die Burgen sind jetzt verfallen; Straße und Schiene haben die Donau als Verkehrsweg abgelöst. Auch die alte »Donaudampfschiffahrtsgesellschaft« gibt es nicht mehr. Sie wurde 1829 gegründet und war um 1880 mit 200 Dampfschiffen und 750 Schleppkähnen die größte Inlandsreederei der Welt. 1995 wurde sie bis auf einige Ausflugsdampfer eingestellt.

Geblieben sind in der Wachau die Marillengärten am rechten Donauufer und die Weingärten auf den Felsterrassen des linken Ufers. Im sonnigen Klima der Wachau wachsen die besten Weine Österreichs – was nicht nur die dortigen Winzer behaupten. Weil auf den steilen und engen Terrassen keine Traktoren fahren können, werden die Reben am Rebstock und nicht an Hochstammspalieren gezogen; das bedeutet mühsame Handarbeit, garantiert aber die Qualität der Weine.

Die Venus von Willendorf

Österreich wurde in den letzten 100 000 Jahren viermal von Eiszeiten heimgesucht, in denen große Flächen von Gletschern bedeckt waren. Da die Gletscher (wenn auch langsam) fließen, haben sie in den Alpen ganze Täler ausgeschürft, aber auch loses Material vor sich hergeschoben, das als Moräne oder Lehm- und Schotterterrasse liegen geblieben ist.

In den Perioden zwischen den einzelnen Eiszeiten blieb das Land aber nicht öd und leer: Pflanzen besiedelten den Raum und mit ihnen wilde Tiere, welche wiederum von herumziehenden Menschengruppen gejagt wurden.

1908 fand man beim Bahnbau in einer Lehmterrasse im Dörfchen Willendorf am linken Donauufer der Wachau eine etwa 11 cm große, einzigartige Frauenfigur aus Kalkstein mit ausgeprägten Geschlechtsmerkmalen, abstrakt angedeutetem Gesicht, aber untypischer Frisur. Man gab ihr den Namen »Venus von Willendorf«. Sie wird als erotisches oder ästhetisches Ideal, als Schönheits- oder Fruchtbarkeitssymbol oder auch als Symbol der »großen Mutter« gedeutet.

Aus den Erdschichten ihrer Fundstelle kann man ihre Entstehungszeit bestimmen: Sie dürfte aus der jüngeren Altsteinzeit stammen. Das wäre vor rund 25000 Jahren gewesen. Damals treten zum ersten Mal in der Menschheitsgeschichte Kultbilder, Malereien und Zeichnungen von Jagdtieren auf. Eine zweite, schlankere Venusfigur aus Mammutbein wurde 1927 ebendort gefunden; sie ist aber schlecht erhalten. Direkt an der Fundstelle hat man vor Kurzem eine 1,4 m hohe Nachbildung der Venus von Willendorf als Denkmal errichtet.

Zwentendorf

Zwentendorf ist ein Dorf im Tullnerfeld, 35 km donauaufwärts von Wien. Es wäre ein Dorf wie viele andere geblieben, hätte man dort nicht ein Atomkraftwerk gebaut. Auch das wäre kaum erwähnenswert, hätte man das Kraftwerk in Betrieb gehen lassen. Dazu kam es aber nicht.

Schon in den Sechzigerjahren sind die ersten kritischen Stimmen an der Atomkraft laut geworden: Ungelöst ist die dauerhafte Entsorgung der ausgedienten Brennstäbe. Je mehr Atomkraftwerke in der Welt gebaut wurden, desto öfter wurde auch ihre Sicherheit infrage gestellt. Auch ihre Rentabilität wird bezweifelt: Die Verschrottung ausgedienter Kernkraftwerke kostet mehr als ihr Bau und verteuert so den Strom.

Die damalige sozialistische Bundesregierung wollte Zwentendorf trotz aller Bedenken in Betrieb nehmen, ließ 1978 aber sicherheitshalber ein Referendum durchführen. Die Überraschung war groß, als die Stimmenauszählung mit 50,5 Prozent ein »Nein« ergab – aber Mehrheit ist Mehrheit. Das Kraftwerk wurde »eingemottet« und ein Atomsperrgesetz wurde beschlossen.

Vom Atomkraftwerk Zwentendorf wurden später die Brennstäbe verkauft und andere Anlagen verschleudert. Der Umbau in ein Gaskraftwerk wurde lange diskutiert, aber nie durchgeführt.

Der Unfall im amerikanischen Atomkraftwerk Three Mile Island, nur wenige Monate nach dem Referendum, und vor allem die Katastrophe in Tschernobyl (1986) haben nachträglich die Entscheidung des österreichischen Volkes bekräftigt: Österreich ist und bleibt atomstromfrei.

Die Donauauen

Nur wenige Großstädte haben Wälder in ihrem Stadtgebiet. Wien hat gleich drei davon: den Prater, den Lainzer Tiergarten und die Lobau. Alle drei waren früher kaiserliche Jagdgebiete, die gewöhnliche Bürger nicht betreten durften. Der Prater wurde bereits durch Kaiserin Maria Theresia für die Allgemeinheit geöffnet, der Lainzer Tiergarten mit dem Ende der Monarchie (1918). Die Lobau wurde von der Stadt Wien gekauft und 1978 zum Naturschutzgebiet erklärt.

Fast müsste man auch noch die Alte Donau dazuzählen, aber die ist seit der Donauregulierung (1873) Badestrand und Liegewiese der Wiener.

Seit 1996 gehört die Lobau zum Nationalpark Donauauen, der sich zu beiden Seiten der Donau von Wien bis zur Einmündung der March erstreckt und 9500 ha umfasst. Der wilde unberührte Auwald macht fast zwei Drittel, die Donauarme und Bäche fast ein Viertel seiner Fläche aus, die Donau selbst nicht mitgerechnet.

Ihre Hochwasser überfluten die Au mit Pegelschwankungen bis zu 7 m. Regelmäßige Überflutungen (mit Wasser aus der Alten Donau) sollen die Donauauen zum »Wasserwald« machen.

Entlang markierter Wege kann man von Wien bis Orth wandern, radeln oder die Donauarme mit dem Kanu befahren. In Orth ist auch eine Schiffsmühle zu besichtigen. Sie ist kein Museumsstück, sondern wurde erst 1998 den alten Donaumühlen nachgebaut. Zwischen zwei ganz aus Holz gebauten, in der Donau verankerten Booten wird ein 7 m breites Wasserrad vom Fluss angetrieben. Über ein hölzernes Drehgelenk wird ein Mühlstein in Drehung versetzt und so das Getreide gemahlen.

»Hausierer« und Jahrmärkte

Bis ins 20. Jahrhundert hinein gab es auf dem Land nur wenige Geschäfte. Die Bauern hatten ja ihre eigenen Erzeugnisse wie Erdäpfel, Milch, Getreide zum Brotbacken, Fleisch usw. Salat, Gemüse und verschiedene Gewürze wuchsen in den Gärten der Bauersfrauen.

Zucker und Salz, Tabak und Zündhölzer, aber auch Sensen und Sicheln mussten aber beim Krämer gekauft werden; ebenso Nähnadeln, Seife und Haarspangen oder Geschirr – lauter Sachen, die eine Hausfrau braucht. Und schließlich auch Petroleum für die Lampen, denn viele Dörfer in Österreich wurden erst nach 1945 elektrifiziert.

Zur Versorgung der Dörfer trugen jedoch auch die Wanderhändler bei, die »Hausierer«, die von Haus zu Haus und von Dorf zu Dorf gingen. In ihren »Buckelkraxen« hatten sie eine unglaubliche Menge an Krimskrams: Messer und Schuhbänder, Kämme und bunte Bänder, oder Farbstifte und Pfeiferln für die Kinder. Viele »Hausierer« kamen aus Italien oder Slowenien und besuchten »ihre« Dörfer regelmäßig alle paar Monate.

Zusätzlich wurden in jedem Dorf wenigstens einmal im Jahr Jahrmärkte abgehalten. Dort boten auch »fahrende« Wanderhändler ihre Waren an – billige Hemden, Hosen und Hüte. In den Städten gab es Wochenmärkte, wovon auch die Geschäfte und Gasthäuser der Stadt profitierten.

So war der donnerstägliche Wochenmarkt in Scheibbs so erfolgreich, dass die Scheibbser den Kaiser baten, er möge doch einen achten Wochentag einführen, nämlich einen zweiten Donnerstag, damit die Wirte und Kaufleute von Scheibbs ein noch besseres Geschäft machen könnten.

Neuhofen (an der Moststraße)

Neuhofen an der Ybbs, wie die Gemeinde richtig heißt, liegt aber auch an der 200 km langen Moststraße, die von Amstetten aus quer durch die schönsten Landschaften des Mostviertels führt. Viele Moststraßen-Wirtshäuser, Mostheurige und bäuerliche Ab-Hof-Betriebe (wo man selbst gebackenes Brot, Speck, Würste und auch Most kaufen kann) liegen direkt an ihrem Weg.

Während man Most anderswo auch aus Äpfeln presst, wird er im Mostviertel hauptsächlich aus handverlesenen Birnen von Mostbirnbäumen gewonnen, die nicht gespritzt oder gedüngt werden. Allein im Bezirk Amstetten gibt es rund 400 000 Mostbirnbäume. Sie werden größer als Apfelbäume und können bis zu 200 Jahren alt werden. Ein einziger Baum kann bis zu 1000 kg Birnen tragen.

Die reifen Birnen werden gewaschen, gepresst und als Birnensaft abgefüllt oder in Holzfässern bzw. Kunststoffbehältern 6 bis 8 Wochen lang zu Most vergoren. Industriell wird der Saft auch in der Ybbstaler Obstverwertung erzeugt, deren Markenzeichen ein einprägsames »YO« ist.

In einer Urkunde aus dem Jahr 996 wird Neuhofen und Österreich zum ersten Mal erwähnt: »Niuhovan ... im Gebiet, das *Ostarrichi* genannt wird«, schenkt Kaiser Otto III. dem bayerischen Kloster Freising: »30 Bauerngüter samt allen bebauten und unbebauten Flächen, Wiesen, Weiden, Wäldern, Gebäuden, stehenden und fließenden Gewässern, Wegen und Zufahrten, auf ewige Zeiten.«

Zum tausendjährigen Jubiläum der ersten Nennung Österreichs hat man in Neuhofen ein Museum gebaut. Die Schenkungsurkunde wird aber im Bayerischen Hauptstaatsarchiv in München verwahrt.

200 000 Traktoren

Das Traktorenwerk in St. Valentin wurde 1942 als Panzerfabrik gegründet (bis Kriegsende 1945 wurden 13500 Panzer für die deutsche Wehrmacht gebaut) und nach dem Krieg auf die Erzeugung von Traktoren umgestellt. 1947 wurden die ersten Steyr-Traktoren des Modells »180« ausgeliefert, zuerst mit 26-PS-, später mit 30-PS-Motoren.

Im Laufe der Jahre wurden rund 200 000 Traktoren erzeugt, von denen es die meisten noch gibt; Traktoren werden selten verschrottet, auch alte Traktoren finden noch ihre Verwendung. Selbst wenn sie fast nie benützt werden, zahlt man für sie keine Versicherung, keine Steuer und kein Geld: »Traktoren fressen kein Heu.«

Das Traktorenwerk St. Valentin gehörte ursprünglich zum Steyr-Daimler-Puch-Konzern, der in Steyr Lkws, in Graz Puch-Motorräder und das Kleinauto »Puch 600« (in Lizenz für Fiat) baute. Durch viele Jahre war die Steyr-Daimler-Puch AG auch Generalimporteur von Autos der Marke Fiat.

In den Neunzigerjahren des 20. Jahrhunderts wurde der unrentable Steyr-Daimler-Puch-Konzern zerschlagen, die Motorradfertigung nach Italien, die Automontage an die kanadische Firma Magna und das Traktorenwerk in St. Valentin an die amerikanische Landmaschinenfirma Case verkauft. Case erzeugt dort Traktoren mit Motoren von 40 bis 170 PS (und mit 32-Gang-Getrieben, womit Geschwindigkeiten vom »Kriechgang« bis zu 50 km/h eingehalten werden können). In St. Valentin hat Case auch eine Entwicklungsabteilung und das Ersatzteillager. Case wurde ein paar Jahre später an die Firma New Holland (eine Tochter von Fiat) verkauft. So schließt sich der Kreis.

Der Heurige

Wenn es nur um die Menge des erzeugten Weins geht, ist Österreich ein Zwerg neben Ländern wie Frankreich oder Italien; dafür wachsen bei uns besonders gute Weine. Das behaupten jedenfalls unsere Winzer. 32 000 meist kleine Betriebe bewirtschaften ihre eigenen Weingärten und erzeugen im Jahr um die 2,5 Millionen Hektoliter Wein; 75 Prozent davon sind Weißweine und 25 Prozent Rotweine.

Niederösterreich ist mit 31 000 Hektar das größte Weinbaugebiet Österreichs. Auch im Burgenland, in Wien sowie in der Südsteiermark wird Wein angebaut. Während man bis in die Achtzigerjahre auf Mengenerzeugung aus war, hat sich nach einem Weinskandal (Weine wurden mit Glykol »aufgebessert«) die Einstellung der Winzer grundlegend geändert. Dazu hat auch eine Verschärfung des Weingesetzes beigetragen. Die billigen Weine in Zweiliterflaschen (»Doppler«) sind fast verschwunden. Die Weinhauer konkurrieren jetzt mit der Qualität statt mit dem Preis.

Seit 1784 hat nach einer Verordnung Kaiser Josefs II. jeder Winzer das Recht, »seinen Wein und Obstmost zu allen Zeiten des Jahres wie, wann und zu welchem Preis er will, zu verkaufen und auszuschenken«. So entstanden »Heurige«, wo der Wein der letzten Ernte ausgeschenkt wird. Dazu kann man sein »Heurigenpackerl« mitbringen, oder man kauft sich Brot, Wurst und Schinken am Buffet.

1878 gründeten Joseph und Hanns Schrammel, zwei Geiger, Anton Strohmayer (Gitarre) und Georg Dänzer (Klarinette) das »Schrammelquartett«, das die Heurigengäste mit Wiener Volksmusik oder eigenen Weisen unterhielt. Jetzt haben sogar die Wiener Philharmoniker ihr eigenes »Schrammelquartett«.

Öl und Wein

Öl und Wein gehören zum Weinviertel, das sich von Wien bis zur slowakischen und tschechischen Grenze erstreckt. Es handelt sich hier aber nicht um Sonnenblumenöl, sondern um Erdöl, das hier seit den Dreißigerjahren gefördert wird. Bis in die Siebzigerjahre konnte so fast die Hälfte des österreichischen Bedarfs an Benzin, Diesel- und Heizöl gedeckt werden; jetzt aber muss sich die OMV – die Österreichische Mineralölverwaltung – neue Ölfelder im Ausland suchen.

Eigentlich ist das Weinviertel die Kornkammer Österreichs, aber zwischen den Getreidefeldern sieht man überall kleinere und größere Weingärten. Dort wächst ein Drittel der österreichischen Weinernte heran. In allen Dörfern gibt es Kellergassen (Zeilen von unbewohnten Häuschen, die nur Eingänge zu den Weinkellern sind).

Mitten durchs Weinviertel führt die Brünner Straße, die Wien mit Brünn (Brno) verbindet. Brünn war schon zu Kaisers Zeiten eine große Industriestadt (Webereien, Maschinenbau), und daher war die erste Eisenbahn in Österreich nicht die »Südbahn«, sondern die »Nordbahn« von Wien nach Brünn. Die ersten 30 km der Bahn führen schnurgerade nach Marchegg. Diese Strecke wird auch heute noch für Testfahrten verwendet. Im Eisenbahnmuseum von Straßhof sind viele alte Dampflokomotiven ausgestellt.

Und in Niedersulz hat der ehemalige Bürgermeister alte Häuser »gesammelt«: Er hat sie sorgfältig abtragen lassen, die Ziegel, Trambäume und Dächer nummeriert und in einem Museumsdorf wieder aufgebaut, damit man sehen kann, wie die Leute früher gewohnt und gelebt haben.

Znaimer Gurken

Jetzt gibt es die Znaimer Gurken wieder, die viele Jahre lang vom Speisezettel der Wiener Köchinnen verschwunden waren. Znaim liegt in Mähren, der östlichen Hälfte Tschechiens, und war immer schon für seine Gurken berühmt. Vor allem für die Einlegegurken, auch Essiggurken genannt. Es gibt sie in drei Größenklassen (3 cm, 3–6 cm oder 6–9 cm), eingelegt in eine Lake aus Essig, Salz und Zucker und mit verschiedenen Kräutern oder Pfefferkörnern gewürzt.

Billige Erzeugnisse beinhalten statt Weinessig Essigsäure und statt Zucker Saccharin (und schmecken auch danach), aber für echte Znaimer Gurken werden nur beste Rohwaren genommen.

Gurken brauchen Wärme und viel Feuchtigkeit. In ihren kelchförmigen Blättern sammeln die Gurkenpflanzen den Tau, sodass sie auch in relativ trockenen Gegenden gedeihen; z. B. auch in der Retzer Gegend oder im burgenländischen Seewinkel hinter dem Neusiedlersee.

Znaim (Znojmo) war, wie viele andere tschechische Dörfer und Städte, auch von Südmährern deutscher Muttersprache bewohnt. Sie wurden 1945 vertrieben. Viele berühmte Österreicher kommen aus Mähren, so auch Karl Renner, der Gründer der Österreichischen Republik (er wurde 1870 in Unter-Tannowitz/Dolní Dunajovice geboren). Nicht weit von dort, in Göding (Hodonín), wurde 1850 Tomáš G. Masaryk geboren, Gründer und erster Präsident der Tschechoslowakischen Republik.

Auch viele Wissenschaftler, wie Sigmund Freud (*1856 in Freiberg), oder Komponisten, wie Gustav Mahler (*1860 in Kalischt), sind aus Mähren nach Wien gekommen.

Kremser Senf

Wer sich in Baden oder Tulln oder auch in Wien am Würstelstand eine Wurst kauft, wird vom Verkäufer sicher gefragt werden, ob »mit einem süßen« oder »mit einem scharfen«. Gemeint ist der Senf, von dem es aber auch andere Varianten gibt: zum Beispiel den Estragonsenf, dem gemahlene Estragonblätter einen eigenen Geschmack geben, oder den englischen Senf (der mit Pfeffer »scharf« gemacht wird) oder auch den Kremser Senf, dessen Senfkörner gröber gemahlen sind und der mit einer Spur Zucker gesüßt wird. Alle Senfarten werden aus gemahlener Senfsaat hergestellt, die mit Weinessig vermischt und mit verschiedenen Gewürzen abgeschmeckt wird.

Der Kremser Senf hat seinen Namen von der Stadt Krems. Sie liegt an der Donau, dort, wo die Wachau endet, und ist heute eigentlich mehr für ihre Weine als für ihren Senf bekannt. Einer ihrer bekanntesten Weine ist nach dem »Kremser Schmidt« benannt, der im Barock ein großer Maler von Altarbildern und Fresken war.

Krems wird bereits 995 erwähnt und ist eine der ältesten Städte Österreichs. Sie hat ihr mittelalterliches Aussehen gut erhalten. Man betritt die Stadt durch das Kremser Tor oder das Steiner Tor. Stein an der Donau, früher eine eigene Gemeinde, ist jetzt ein Stadtteil von Krems. Eine beliebte Scherzfrage ist: »Was liegt zwischen Krems und Stein?« Die Antwort ist: »Das Wörtchen *und.*« Das stimmt schon, aber zwischen beiden Städten liegt auch das ehemalige Dominikanerkloster »Und«. Jetzt ist dort das Stadtmuseum von Krems. Krems hat auch einen Donauhafen, von wo aber nicht nur Senf verschifft wird.

Hopfen und Malz

=

Gerstensaat wird angefeuchtet, auf Schüttböden zum Keimen gebracht und geröstet; dabei verwandelt sich die Stärke in Malz. Sie wird dann zusammen mit Hopfendolden aufgekocht (»gebraut«) und der Sud in Gärkellern zum Gären gebracht. Die Hefe wird abgeschöpft, das Bier wird noch gefiltert und pasteurisiert und anschließend in Fässer, Flaschen oder Dosen abgefüllt.

Angeblich kannten schon die alten Ägypter die Kunst des Bierbrauens. Sicher ist aber, dass die ältesten Brauereien Niederösterreichs schon 1320 gegründet wurden. Das Waldviertel wurde erst im 14. Jahrhundert besiedelt, und so haben wohl schon die ersten Siedler die Braukunst mitgebracht. »Bier braucht Heimat« ist heute noch die Philosophie der Brauerei Zwettl.

Jahrhundertelang waren die Brauereien Kleinbetriebe, bis 1840 Anton Dreher das untergärige Bier erfand (wo die Hefe absinkt und so das Bier hefefrei abgezogen werden kann). Damit machte er seine Schwechater Brauerei zur größten Brauerei des Reichs. Diese und die Privatbrauerei Fritz Egger in Unterradlberg bei St. Pölten sind jetzt die größten Brauereien Niederösterreichs.

Alle Lager- und Märzenbiere werden nach dem Dreher'schen Rezept gebraut, nur Weizenbier und englische Biere werden nach der obergärigen Methode hergestellt. In Österreich werden jährlich 8,7 Millionen Hektoliter Bier gebraut und getrunken, das sind 107 Liter pro Einwohner. Damit liegt Österreich gleich hinter Tschechien und Belgien. Da kann man sich nur mit dem alten Brauerwunsch zuprosten: »Hopfen und Malz, Gott erhalt's!«

Die Graselhöhlen

Das Städtchen Retz war vor einigen Jahren Schauplatz einer Fernsehserie über eine mutige Richterin am dortigen Bezirksgericht. Retz hat einen wunderschönen Hauptplatz mit alten Bürgerhäusern, aber ein Gericht gibt es dort schon lange nicht mehr; dazu ist die Stadt zu klein. Vor 200 Jahren hätte die Stadt aber einen Richter gut brauchen können: Auch dort trieb die Räuberbande des Johann Georg Grasel ihr Unwesen.

Im Wein- und Waldviertel, in Mähren, auch in der Steiermark waren Grasel und seine Spießgesellen berüchtigt und gefürchtet. Für manche waren sie »edle Räuber«, die die Reichen beraubten, um die Beute den Armen zu geben. Geraubt, erpresst und gestohlen haben sie, gegeben haben sie aber nichts. Ihren Unterschlupf fanden sie in verschiedenen Höhlen, die später nach Grasel benannt worden sind – wie die Graslhöhle im Raabtal oder die Graselhöhle im Kamptal.

Grasels Raubzüge fallen hauptsächlich in die Jahre zwischen 1812 und 1814 (allein für das Jahr 1814 wurden ihm 71 Straftaten nachgewiesen). Er wurde steckbrieflich gesucht; auf ihn wurde ein Kopfgeld von 4000 Gulden ausgesetzt. 1815 wurde er in Mörtelsdorf gefangen. Der Prozess wurde ihm in Wien gemacht, wo er 1818 hingerichtet wurde.

Den Retzern ist er entkommen. Im Labyrinth ihrer Weinkeller hätte er sich und seine Bande leicht verstecken können: Der Sandboden der Stadt Retz ist von einem 21 km langen Netz von Kellern durchzogen; das ist länger als das Straßennetz der Stadt. Retz beherrschte seinerzeit den Weinhandel des ganzen Weinviertels; da wurden große Weinkeller gebraucht.

Die Thaya

Die Thaya entspringt mitten im Waldviertel, bei Schweiggers, am halben Weg zwischen Weitra und Zwettl, unweit vom Schwedenkreuz, das an die Einfälle der Schweden während des Dreißigjährigen Krieges erinnern soll. Damals, wie so oft in der Geschichte, war Niederösterreich ein Schlachtfeld der europäischen Mächte.

Das Waldviertel ist eine Hochfläche auf Granitgestein. Es ist eine raue Gegend, die mit ihren dunklen Fichtenwäldern und Findlingen fast skandinavisch aussieht. Findlinge sind Felsen, die von den Gletschern der Eiszeit übrig geblieben sind. Viel wächst dort nicht, außer Heidekraut und Erdäpfel, und die Waldviertler mussten sich immer schon mit Nebenberufen am Leben halten: als Holzknechte, aber auch als Knöpfemacher (aus den Muscheln der vielen Teiche), Glasbläser und Uhrmacher. Bis heute bildet eine Fachschule in Karlstein Uhrmacherlehrlinge aus.

Das Waldviertel war ursprünglich von Slawen bewohnt, worauf viele Ortsnamen hinweisen (z. B. Krems, von tschechisch *Kremže;* oder Jauerling, von *javor,* was Ahorn bedeutet). Es ist kein Wunder, dass die Thaya nach Mähren fließt, nach Österreich zurückkommt und wieder nach Mähren fließt, bis sie am österreichisch-tschechisch-slowakischen Länderdreieck in die March mündet, dem anderen Grenzfluss Niederösterreichs.

Seit dem Fall des »Eisernen Vorhangs« wurden beide Ufer des Thayatals – in Tschechien wie in Österreich – zum Nationalpark erklärt. Eigentlich müsste man ihn »Internationalpark« nennen, aber das Wichtigste ist, dass man dort problemlos von einem Land zum anderen wandern kann.

Die Waldviertler

Nur wenig Wasser fließt von Österreich in die Nordsee, das meiste Wasser fließt früher oder später in die Donau und damit ins Schwarze Meer. Die Wasserscheide zwischen beiden Meeren geht quer durchs Waldviertel. Dahinter, vom übrigen Österreich aus gesehen, liegen die Waldviertler Städte Gmünd, Weitra und Schrems. Das sind keine großen Städte: Gmünd ist Sitz einer Bezirkshauptmannschaft, in Weitra gibt es eine Brauerei und in Schrems Granitsteinbrüche und eine Schuhwerkstatt, wo die »Waldviertler« hergestellt werden. Das sind robuste, handgemachte Schuhe, die etwas aushalten. Und lange halten.

Das schätzen die Bewohner des Waldviertels: »Wenn du in den Füßen frierst, freut dich die Arbeit nicht mehr und du wirst schlampig. Und genau das macht im nächsten Herbst den Qualitätsunterschied aus«, sagt ein Winzer aus Krems. Das ist eine Gegend, wo man für die Weingartenarbeit »zwölf Stunden am Tag, sechs Tage in der Woche, vier Wochen im Monat und fünf Monate im Jahr« Winterschuhe braucht.

1918 wurde die Staatsgrenze quer durch die Stadt Gmünd gezogen und von 1945 bis 1989 war dort der »Eiserne Vorhang«, der Österreich von den Ostblockstaaten trennte. Über die Grenze ging nur wenig Verkehr, der »kleine Grenzverkehr« war überhaupt eingestellt und den wenigen Industrie- und Handwerksbetrieben hinter der Wasserscheide fehlte das Hinterland. Jetzt gibt es eine österreichisch-tschechische Industriezone in Gmünd, die mehr Arbeit in die Region bringen soll. Der Beitritt Tschechiens zur EU wird da sicherlich helfen.

Die Steinerne Bibel

Unweit der Landesgrenze, an der Straße nach Znaim, liegt Schöngrabern, ein unauffälliges Dorf im Weinviertel. An der Außenwand der Pfarrkirche, die um 1230 erbaut wurde, sind steinerne Figuren eingelassen, die Ereignisse aus der Bibel darstellen – das Opfer von Kain und Abel, den Sündenfall von Adam und Eva, die Offenbarung Christi, die Hochzeit zu Kana, den Erzengel Michael u. a. – eine steinerne Bibel. Das allen Skulpturen gemeinsame Thema ist der Kampf des Guten gegen das Böse. Im Innenraum der Kirche befinden sich monumentale romanische Fresken, von denen eines den heiligen Christophorus darstellt; er trägt einen Markgrafenhut und den Hermelinmantel eines Fürsten. Man nimmt an, dass es sich um das Bild des heiligen Leopold handelt (des Babenberger Markgrafen Leopolds III., der das Stift Klosterneuburg gründete). Wer diese Kirche und ihre Skulpturen errichten ließ, weiß man nicht, von ihrer Entstehung kündet keine Urkunde und kein Bericht. Das ist auch nicht besonders überraschend, denn zu dieser Zeit konnten die wenigsten Leute lesen und schreiben; daher sind die mittelalterlichen Kirchen immer reich mit Bildern aus der Bibel ausgestattet, aber nur selten mit Steinskulpturen wie in Schöngrabern, um den Gläubigen die biblische Geschichte vor Augen zu führen.

Eine ähnliche steinerne Bibel findet sich im Inneren der Kapelle zur Heimsuchung Mariens auf der Sommereben bei St. Stefan in der Weststeiermark, aber diese ist viel kleiner und neueren Datums, und die Figuren wurden von einem zeitgenössischen Bildhauer geschaffen.

Burgenland

Das Burgenland

Das Burgenland ist das jüngste Bundesland von Österreich; früher ein Teil von Ungarn, kam es 1921 nach einer Volksabstimmung zu Österreich.

Es ist lang und schmal und an der schmalsten Stelle nur wenige Kilometer breit. Es grenzt im Norden an die Slowakei, im Osten an Ungarn und im Süden an Slowenien. In einigen Dörfern des Burgenlands lebt eine kroatische Minderheit, in einigen anderen Dörfern eine ungarische. Die Ortstafeln sind zweisprachig (z. B. Hornstein/Voristan). In den Volksschulen wird auch auf Kroatisch bzw. Ungarisch unterrichtet.

Im nördlichen Burgenland liegt der zweitgrößte See Österreichs, der Neusiedlersee; ein Teil des Sees gehört zu Ungarn. Der Neusiedlersee ist ein Steppensee und kaum 2 m tief. Vor 100 Jahren war er fast ausgetrocknet; jetzt umgibt ihn an allen Seiten ein breiter Schilfgürtel. Im Winter friert er zu und man kann auf ihm eislaufen. Im Sommer kann man dort surfen und segeln.

Jeden Sommer werden in Mörbisch auf einer Seebühne am Ufer des Neusiedlersees Operetten, und im Römersteinbruch in St. Margareten Opern unter freiem Himmel aufgeführt. Bei Regen müssen die Vorstellungen abgesagt werden, aber es regnet fast nie.

Das Burgenland ist ein Agrarland – Wein, Getreide, Zuckerrüben. Aber in den letzten Jahren wurden auch viele kleinere Fabriken gegründet. Ganz neu (noch keine 25 Jahre alt) sind die Thermalbäder in und um Bad Tatzmannsdorf.

In Stadtschlaining liegt die einzige Universität des Burgenlands, die »Friedensuniversität«, wo Konfliktmanagement gelehrt wird und Vermittler für Krisengebiete ausbildet werden.

Die »Sieben Gemeinden«

Deutsch-Westungarn, das heutige Burgenland, ist immer ein Randgebiet Ungarns gewesen und war, wie das in solchen Gebieten oft so ist, ein Rückzugsort für alle möglichen Minderheiten. Dazu zählten vor allem die Juden, die nach ihrer Vertreibung aus Wien, Niederösterreich und Oberösterreich im Jahr 1670 durch Kaiser Leopold I. dort Zuflucht suchten. Unter dem Schutz des Fürsten Esterházy entstanden so die »Sieben Gemeinden« (hebräisch: Sheva kehilot): Frauenkirchen, Eisenstadt, Kittsee, Mattersdorf (Mattersburg), Kobersdorf, Lackenbach und Deutschkreuz. Dazu kamen fünf weitere kleinere jüdische Gemeinden: Rechnitz, Güssing, Stadtschlaining (und Körmend und Nagykanizsa in Ungarn). Sie standen unter dem Schutz der Grafen Batthyány. Die Juden mussten Schutzgebühren entrichten (die Eisenstädter Juden zusätzlich 30 Pfund Pfeffer), wurden aber von ihren Schutzherren vor Verfolgung geschützt. Die größeren jüdischen Gemeinden waren politisch selbstständig (das Getto in Eisenstadt-Unterberg bis 1938), und die jüdische Gemeinde Mattersburg hatte sogar ihre eigene Feuerwehr. Sie behielten diese Rechte auch, als das Burgenland 1921 an Österreich fiel.

Beim »Anschluss« Österreichs an Deutschland am 13. März 1938 wurden die zirka 4000 burgenländischen Juden von den Nazis noch am gleichen Tag aus dem Burgenland ausgewiesen und vertrieben, ihr Vermögen und ihre Häuser wurden beschlagnahmt, ihre Synagogen zerstört. 1700 Juden konnten nach Wien flüchten, von wo sie ab Oktober 1939 in die Vernichtungslager von Lodz, ab 1941 in die Lager von Riga und Minsk deportiert wurden. Zurückgekommen ist von dort fast keiner.

Die burgenländischen Kroaten

Die meisten Österreicher kennen die burgenländischen Kroaten nur von ihren Tamburizza-Gruppen, jungen Leuten, die Mädel in Tracht, die Männer in weißen Hemden und schwarzen Stiefeln, die zu Klängen der Tamburizza, eines lautenähnlichen Instruments, tanzen und singen. Es sind burgenländische Kroaten, die da in einer uns fremden Sprache sprechen und singen, dem Burgenländisch-Kroatischen (gradišćanski hrvatski). Es verwendet archaische Wörter und unterscheidet sich vom Kroatischen auch in der Aussprache.

Die Vorfahren der burgenländischen Kroaten wurden nach den Türkenkriegen in dem vom Krieg verwüsteten Gebiet des heutigen Burgenlands angesiedelt; die nördlichste kroatische Gemeinde im Burgenland ist Kittsee, aber es gibt auch im Marchfeld, in der Slowakei und in Südmähren kroatische Dörfer. Insgesamt sind es 30 burgenländische Gemeinden, in denen das Burgenländisch-Kroatische gesprochen und als zweite Amtssprache anerkannt wird. Das älteste burgenländisch-kroatische Dokument, das Klingenbacher Missale (in glagolitischer Schrift), stammt aus dem Jahr 1564, die Bibel wird 1811 übersetzt und das erste Wörterbuch 1858 veröffentlicht.

In der Nazizeit (1938–1945) war die Verwendung der kroatischen Sprache an den Schulen verboten. Im Staatsvertrag von 1955 werden die Rechte der kroatischen Minderheit auf eigene Schulen, Ortstafeln usw. anerkannt; tatsächlich aufgestellt werden die Tafeln aber erst im Jahr 2000. Kroatisch ist Unterrichtssprache (oder Zweitsprache) an Volks- und Mittelschulen, seit 1992 gibt es ein zweisprachiges Gymnasium in Oberwart/Borta.

Burgen und Schlösser

Natürlich gibt es im Burgenland Burgen und Schlösser, aber der Name des Landes kommt von den vier ungarischen Komitaten Ödenburg (auf Ungarisch: Sopron), Eisenburg (Vasvár), Wieselburg (Moson) und Pressburg (Pozsony, jetzt Bratislava in der Slowakei). 1921 kam es in den deutschsprachigen Gemeinden dieser Komitate zu einer Volksabstimmung (unter Aufsicht des Völkerbundes), die zum Anschluss von Deutsch-Westungarn an Österreich führte. Angeblich wurde in Ödenburg die Stimmenzählung absichtlich so schlampig durchgeführt, dass sich dort eine Mehrheit für den Verbleib bei Ungarn ergab. Ödenburg/ Sopron wäre die natürliche Hauptstadt dieses neuen Bundeslandes gewesen. So aber tagte der Landtag zuerst in Sauerbrunn, bevor schließlich Eisenstadt zur Hauptstadt erkoren wurde.

Die größte Burg war in Landsee, ist aber heute völlig verfallen; eine andere befindet sich in Forchtenstein am Abhang des Rosaliengebirges. Die Burg von Stadtschlaining wurde durch den Ausbau zur »Friedensuniversität« vor dem Verfall gerettet. Die Burg Güssing, im Süden, wird heute noch bewohnt. Das größte Schloss ist das der Fürsten Esterházy in Eisenstadt, in dem, wie auch im Schloss Halbturn in Kittsee, Ausstellungen und Konzerte stattfinden.

Ursprünglich wurde auch Steinamanger (Szombathely) von Österreich aus besiedelt; seine Zugehörigkeit zu Ungarn wurde aber nie bestritten. Dort wurde übrigens der heilige Martin geboren (ja, derjenige, der mit dem Schwert seinen Mantel zerschnitt, um ihn mit einem Armen zu teilen). Er ist der Schutzpatron des Burgenlandes.

Im Schuss nach Horitschon

Auch wenn der durchschnittliche Österreicher seine Berge – die man besteigen, erklettern oder zumindest bewundern und von denen man mit Skiern abfahren kann – über alles stellt, so hat auch das Flachland seine Vorteile: Mit einem richtigen Schienenfahrzeug kann man im mittleren Burgenland selbst von A nach B fahren, genauer gesagt, von Horitschon nach Oberpullendorf; oder in die umgekehrte Richtung, aber nur an ungeraden Tagen. Seit Kurzem kann man nämlich auf einer stillgelegten Strecke der Österreichischen Bundesbahnen eine Draisine »chartern« und mit eigener Kraft die 23 km von A nach B oder von B nach A zurücklegen. Die Draisinen befördern bis zu sieben Personen und werden mit Tretkurbeln angetrieben – wie bei einem Fahrrad.

Von Oberpullendorf geht die eingleisige Strecke stets leicht bergauf, sodass man am Bahnhof in St. Martin gerne eine Erfrischung zu sich nimmt; der Bahnhof selbst wurde zwar zugesperrt, aber die Bahnhofsgastwirtschaft wurde ausgebaut. Nach der Haltestelle Esterházy geht es dafür bergab, und die Draisine erreicht leicht eine Spitzengeschwindigkeit von 40 km/h und mehr.

Die Idee zur Draisinenbahn kam von privater Seite; die Ausführung ebenso. Bevor sie in Betrieb gehen konnte, verlangten die Bundesbahnen 14 (!) verschiedene eisenbahnrechtliche Bewilligungen, aber nach zwei Jahren intensiver Verhandlungen war die »Sonnenland Draisinentour« endlich startklar. 60 sonnengelbe Draisinen stehen zur Verfügung. Und das sonst nur für seine Rotweine bekannte mittlere Burgenland hat eine neue Touristenattraktion.

Oberösterreich

Das fünfte Viertel

So wie Niederösterreich wurde im 15. Jahrhundert auch Oberösterreich in vier Viertel eingeteilt: das Hausruckviertel, das Traunviertel, das Machlandviertel und das Mühlviertel. Als 1779 nach dem »Kartoffelkrieg« zwischen Österreich und Preußen das Innviertel an Österreich fiel, wäre es das fünfte Viertel geworden; damit die Rechnung wieder stimmt, wurde das Machlandviertel mit dem Mühlviertel vereinigt. Oberösterreich hatte wieder vier Viertel, und um die Machlandviertler zu besänftigen, wurde das neue Viertel offiziell »Mühlkreis« genannt.

Das Mühlviertel liegt am Südabhang des Böhmerwaldes und reicht vom Dreisesselberg (an der Dreiländerecke zwischen Österreich, Deutschland und Tschechien) bis zur Donau. Es ist ein hügeliges, von vielen Tälern durchzogenes und daher nur schwer zugängliches Land. Die »Mühlkreisautobahn«, die von Linz in Richtung Freistadt führt, konnte daran auch nicht viel ändern. Sie ist für die Pendler nach Linz gedacht.

Seinen Namen hat das Mühlviertel von der Großen und der Kleinen Mühl, die in die Donau münden. An seiner nördlichen Grenze, aber bereits auf böhmischer Seite, entspringt die Moldau, von den Tschechen Vltava genannt, die später durch Prag fließt und in die Elbe mündet. An der Moldau liegt auch das mittelalterliche Städtchen Krumau (Český Krumlov), das vom Schloss der Fürsten Schwarzenberg überragt wird.

Der südlichste Aussichtspunkt des Mühlviertels ist der Pöstlingberg in Urfahr, den man mit der »steilsten« Eisenbahn der Welt erreicht: Sie hat eine Steigung von 105 Promille (oder 10,5 Prozent).

Die Eisenwurzen

===

Die Eisenwurzen heißt die Gegend, die sich links und rechts der Enns bis zur Donau hinzieht. Links ist Oberösterreich und rechts Niederösterreich, die Enns ist die Grenze zwischen beiden Ländern. Ganz genau kann niemand sagen, wo die Eisenwurzen eigentlich beginnen: jedenfalls dort, wo das Eisen vom Erzberg verarbeitet wird. Überall dort gab es Eisenhämmer und Schmieden, in denen das Eisen zu Sensen, Sicheln und Pflügen geschmiedet wurde. Vor der Erfindung der Dampfmaschine wurden die Hämmer von Wasserrädern an den vielen Flüssen des Alpenvorlands angetrieben. Die Sensen und Sicheln werden auch heute noch bis nach Indien und Afrika verkauft; überall dort, wo es keine Traktoren und Mähdrescher gibt oder diese zu teuer sind.

Das wichtigste Gerät war aber der eiserne Wendepflug, der von einem Ochsen- oder Pferdegespann gezogen wird, so wie ihn der steirische Dichter Peter Rosegger beschreibt: »Der Pflug meiner Heimat ist zwar nicht mehr der gekrümmte Baumast der Wilden, sonst jedoch ein unvollkommenes, plumpes Werkzeug. Der Bauer zimmert ihn selbst aus Birkenholz, die Eisenteile holt er sich vom Schmied und die Räder vom Wagner. An der Rückseite des Pfluges sind drei Handhaben, durch die der Pflug von einem kräftigen Mann geleitet wird«, nämlich hin mit der mittleren und der linken Handhabe, her mit der mittleren und der rechten. So wird der Pflug beim Ackern gewendet. Heute ziehen schwere Traktoren Pflüge mit bis zu zwanzig Pflugscharen, aber damals bedeutete der Wendepflug mit einer einzigen eisernen Schar eine Revolution in der Landwirtschaft.

Die Sterndeuter

Wenn man doch sein Schicksal berechnen könnte! Die alten Griechen glaubten an die Macht der Sterne und benannten die Sternbilder der Fixsterne nach ihren Göttern. Den arabischen Astronomen waren nur die Planeten (Merkur, Venus, Mars, Jupiter, Saturn) wichtig, weil sie zu unregelmäßigen Zeiten auf- und untergehen; könnte man diese Zeiten vorausberechnen, so könnte man auch das Schicksal vorhersagen – das ist dann Astrologie.

Das ist als Erstem Johannes Kepler gelungen: 1571 in Weil der Stadt in Württemberg geboren, 1594 Mathematikprofessor in Graz (wo er die mathematische Optik erfand), 1598 von dort als Protestant im Zuge der Gegenreformation vertrieben; dann in Prag, am Hof Rudolfs II. (dem die Astrologie wichtiger war als die Religion), Assistent und Nachfolger des dänischen Astronomen Tycho Brahe. Aus dessen Beobachtungen leitete Kepler ab, dass sich die Planeten nicht in Kreisen, sondern in Ellipsen um die Sonne drehen, die in einem ihrer Brennpunkte steht; und zwar umso schneller, je näher sie der Sonne sind. Er berechnete daraus die Rudolfinischen Tafeln, mit denen man die Planetenpositionen auf Jahre hinaus genau vorausberechnen kann.

1612 starb sein Gönner Rudolf II. Kepler wurde als Protestant auch aus Prag vertrieben und ging nach Linz, wo er die Grundlagen der Musiktheorie schuf. 1626 wurde er auch von Linz verjagt und wurde notgedrungen Wallensteins Astrologe. Er starb 1630. Das Keplergymnasium in Graz und die Johannes-Kepler-Universität in Linz sind nach ihm benannt.

Das älteste Dampfschiff der Welt

Von allen Ländern der Erde ist Österreich eines der wenigen, die nicht am Meer liegen. Umso erstaunlicher ist es daher, dass das älteste noch erhaltene und betriebstüchtige Dampfschiff der Welt ausgerechnet in Österreich, am Traunsee, noch immer seinen Dienst versieht. Das ist die »Gisela« (Betonung auf der zweiten Silbe!), ein Raddampfer, der 1870 von englischen Ingenieuren in Floridsdorf bei Wien konstruiert, dann für den Transport zum Traunsee zerlegt und dort wieder zusammengebaut wurde. Damals wurde sie für sechs Mann Besatzung und 501 Passagiere zugelassen, heute nur mehr für 300 Passagiere. Namenspatin war die Tochter Kaiser Franz Josephs, Gisela. 1986 wurde der Dampfer komplett erneuert und von Kohlen- auf Ölfeuerung umgestellt.

Links und rechts vom Traunsee sind Felsen und die Ufer sind so steil, dass dort kein Platz für eine Straße, ja nicht einmal für einen Fußweg war. Das Hallstätter Salz musste am Traunsee von Fuhrwerken auf Schiffe umgeladen werden.

Selbst die kaiserliche Familie musste erst per Schiff von Gmunden nach Ebensee und dann per Kutsche nach Bad Ischl auf Sommerfrische fahren. Erst 1877 wurden Tunnels für eine Eisenbahnlinie in die westlichen Felswände des Traunsees gesprengt, später wurde auch eine Straße und ein Straßentunnel gebaut.

Die Eisenbahn fährt aber an Gmunden vorbei. Daher wurde eine Straßenbahn (mit 2,3 km Gleislänge die kürzeste der Welt) vom Stadtzentrum zum Bahnhof Gmunden gebaut. Sie befördert noch jetzt mit nur sechs Angestellten in fünf Garnituren an die 300 000 Passagiere im Jahr.

Salz und Tabak

Salz war schon immer und überall ein heiß begehrtes, ja heiliges Gut, besonders in Ländern, die weit weg vom Meer sind. Mit Salz und Brot empfängt man den Fremden in vielen Ländern; und in den Lappenzelten in Nordschweden, Finnland und Norwegen steht ein Salzfässchen allen Vorbeikommenden – auch allen Fremden – immer offen.

Ein ganzer Kulturkreis bekam seinen Namen vom Salzabbau: die Hallstattkultur am Hallstätter See im Salzkammergut (vor rund 4000 Jahren). Die Wörter »sal« und »hal« sind miteinander verwandt und bedeuten das Gleiche: Salz. Außer im Salzkammergut wurde Salz auch in Hallein bei Salzburg abgebaut und hat auch dieser Stadt seinen Namen gegeben. Salz war immer ein Privileg des Staates: Mit *Kammer* ist im Namen Salz*kammer*gut das Finanzamt gemeint und mit (Salz-)*Kammergut* eine herrschaftliche Domäne. Bei uns war bis vor wenigen Jahren Salz ein Staatsmonopol, wie auch der Handel mit Tabakwaren. In Italien kann man bis heute Salz nur in speziellen Trafiken – »sale e tabacchi« genannt – kaufen.

Das Salzkammergut ist ein Seengebiet zwischen Oberösterreich, Salzburg und der Steiermark. Der Kurort Bad Ischl ist seine Metropole. Dort war Kaiser Franz Joseph I. immer auf Sommerfrische und seither ist dort der Fremdenverkehr weitaus wichtiger als der Salzabbau. Dennoch ist die Salzgewinnung ein gutes Geschäft, nicht zuletzt wegen des großen Streusalzbedarfs für die Straßen im Winter. Auch die älteste Eisenbahnlinie Österreichs, die Pferdebahn von Linz nach Budweis (České Budějovice), wurde in erster Linie für den Salztransport nach Böhmen gebaut.

Das Schloss in Österreich

Eines der ältesten und schwermütigsten österreichischen Volkslieder ist das vom Schloss in Österreich. Es beginnt so:

Es steht ein Schloss in Österreich.
Das ist gar wohl gebauet,
Von Silber und von rotem Gold,
Mit Marmelstein gemauert.
Darinnen liegt ein junger Knab'
Auf seinen Hals gefangen,
Wohl vierzig Klafter unter der Erd'
Bei Nattern und bei Schlangen.

Wir wissen nicht, wer dieser Knabe war und warum er gefangen (und dann hingerichtet) wurde. Burgen und Schlösser hatten immer schon Keller und Verließe, in denen Menschen gefangen gehalten wurden. Später übernahm der Staat die Schlösser und verwendete sie als Gefängnisse.

Eines dieser Schlösser liegt in Oberösterreich. Im Zweiten Weltkrieg wurde es zur »Nervenheilanstalt« umgebaut. Dort wurden von den Nationalsozialisten 18 542 Geisteskranke umgebracht. 30 000 sollen es tatsächlich gewesen sein, viele Dokumente wurden vernichtet. Mein Freund Alfons (der »erblich vorbelastet« war, weil sein Vater an einer Geisteskrankheit gestorben war) erkrankte angeblich an »Jugendirrsinn« und wurde elfjährig, im Frühjahr 1940, zur Behandlung auf ein Schloss in Oberösterreich »verschickt«. Ein paar Wochen später kam die Nachricht, dass er dort an einer »Infektionskrankheit« verstorben sei.

Seiner Mutter, seinen Geschwistern und Freunden, auch uns Kindern, wurde verboten, darüber zu sprechen. Erst viele Jahre später habe ich herausgefunden: Hartheim heißt das Schloss, und vergast haben sie ihn, den kleinen Alfons.

Die Stahlstadt

Bis zum »Anschluss« Österreichs an Deutschland im Jahr 1938 war Linz an der Donau eine mittelgroße Verwaltungs- und Schulstadt ohne größere Industriebetriebe; dann aber wollte sich Hitler ein Denkmal setzen und beauftragte Hermann Göring mit der Errichtung eines Stahlwerks – auf Staatskosten. So entstanden die Hermann-Göring-Werke, die nach dem Krieg mit dem Donawitzer Stahlwerk der Alpine Montan zusammengeschlossen und in »Vereinigte Oesterreichische Eisen- und Stahlwerke« (Voest) umbenannt wurden. Die Lage an der Donau war günstig, das Roherz kam vom nahe gelegenen Erzberg und die Steinkohle konnte auf der Donau billig herangebracht werden. Das Werk in Donawitz wurde später stillgelegt. Trotzdem machte die verstaatlichte Voest jahrzehntelang enorme Verluste. In den Neunzigerjahren wurde sie privatisiert und schreibt jetzt ordentliche Gewinne. Sie ist der größte österreichische Industriebetrieb und einer der bedeutendsten Hersteller von Blechen für die Automobilindustrie.

Große Industriebetriebe ziehen kleinere Zulieferwerke an und so wuchs Linz sehr rasch zu einer Großstadt heran; neue Brücken wurden über die Donau gebaut, große Wohnanlagen auf die »grüne Wiese« gesetzt, der Hauptbahnhof wurde modernisiert. Ein Konzerthaus (die Brucknerhalle) und ein Ausstellungsgebäude (Lentos) wurden errichtet, eine Universität gegründet; ein neues Theater ist geplant.

Die Spötter (oder Neider?), die früher einmal gern von »Linz an der Tramway« oder von »Linz an der Landstraße« (so heißt die Hauptstraße dieser Stadt) gesprochen hatten, sind längst verstummt.

Salzburg

Das Salzburger Panorama

═

Man muss auf die Festung Hohensalzburg hinauffahren oder hinaufgehen, um sich einen Rundblick über die Stadt Salzburg zu verschaffen; aber weil der Blickwinkel des menschlichen Auges begrenzt ist, sieht man immer nur einen Teil der Stadt. Seit 2005 kann man sie sozusagen mit einem Blick erfassen – im »Sattler-Panorama« am Residenzplatz. Dort wurde das 1829 von Johann Michael Sattler geschaffene Salzburg-Panorama wieder aufgestellt, nachdem es jahrzehntelang unbeachtet in allen möglichen Winkeln herumgelegen war. In einem runden Saal ist das 26 m breite und 5 m hohe Gemälde (Öl auf Leinwand) kreisförmig aufgebaut, in der Mitte befindet sich eine erhöhte Plattform, von der man rundherum auf die Stadt und ihre Umgebung hinunterschaut, genau so wie sie sich im Jahr 1829 dem Auge des Beschauers dargeboten hatte.

Überraschend daran ist nicht nur die Genauigkeit der Darstellung, sondern vor allem, dass sich die Salzburger Altstadt mit all ihren Häusern, Kirchen und Palästen seit damals kaum verändert hat – seither sind nur die Vorstädte dazugekommen, und die sind keine Augenweide.

Panoramen kamen gegen Ende des 18. Jahrhunderts groß in Mode. Die Fotografie war damals ja noch nicht erfunden und nur reiche Leute konnten es sich leisten zu verreisen. Sattler reiste mit seinem Panorama von Stadt zu Stadt und wollte den Leuten ein Stück der Welt zeigen (eben die »schönste Stadt der Welt«, wie sie damals schon Alexander von Humboldt genannt hat) und damit auch Geld verdienen; die Besucher mussten ja Eintritt bezahlen. Sein Salzburg-Panorama ist das einzige erhalten gebliebene Stadtpanorama der Welt.

Salzburg

Salzburg ist die Hauptstadt von Salzburg, womit zuerst die Stadt, dann das Land gemeint ist. Die Stadt gab es schon zur Römerzeit, hieß damals Juvavum und wurde von Hunnen und Ostgoten zerstört. Um 690 gründet der heilige Rupert die Abtei St. Peter. 798 wird Salzburg ein Erzbistum, von wo aus Kärnten und die Steiermark christianisiert werden. Um 1300 wird es ein weltliches Reichsfürstentum unter der Herrschaft des jeweiligen Erzbischofs. Die Festung Hohensalzburg wird ausgebaut. Recht weltlich scheint es auch am Hof des Erzbischofs zugegangen zu sein; der vielleicht berühmteste von ihnen, Wolf Dietrich von Raitenau (der den 1598 abgebrannten Dom wieder aufbaute und die Residenz und andere Prachtbauten schuf), hatte mit seiner Geliebten Salome Alt 15 Kinder. Sein Nachfolger Markus Sittikus errichtet das Schloss Hellbrunn und andere Barockbauten. Während der Napoleonischen Kriege fällt Salzburg zuerst an einen Habsburger, dann an Bayern und zuletzt, 1816, an Österreich.

Das Land ist in fünf Gaue unterteilt: den Pinzgau (der für eine eigene Pferderasse berühmt ist), den Pongau (mit dem Gasteinertal), den Lungau (den »Kältepol« von Österreich), den Tennengau (mit der Salzstadt Hallein) und den Flachgau. Auf einem seiner Hügel stand die Kaiserbuche, die zu Ehren Kaiser Josefs II. (der von dort das neu erworbene Innviertel besichtigte) im Jahr 1779 gepflanzt wurde. 2004 wurde sie durch einen Sturm gefällt. Im Jahr darauf wurde aus einem ihrer Samen eine neue Buche im Beisein von Otto von Habsburg gepflanzt, dem ältesten Sohn des letzten Habsburgerkaisers Karl.

Der Goldrausch in den Alpen

Unzählige Sagen ranken sich um das Gold aus den österreichischen Hochalpen, das sogenannte Tauerngold: Ganze Goldbergwerke sollen von höheren Mächten verschüttet und die Bergknappen versteinert worden sein, weil sie in ihrem Reichtum zu übermütig wurden und ihr Geld verprassten. Nach dem Gold wurden Berge (die Goldeckgruppe in Kärnten) und Dörfer (wie z. B. Goldegg in Salzburg) benannt.

Gold ist seit über 4000 Jahren in den Alpen aus Flüssen und Bächen »gewaschen« oder in Bergwerken »geschürft« worden. Das bezeugen ein Steinzeitbeil und eine Goldmünze mit dem Relief Philipps, dem Vater Alexanders des Großen, die in Rauris gefunden wurden. Ein Zehntel aller römischen Münzen soll aus Tauerngold geprägt worden sein. Eine Blütezeit erlebte der Goldbergbau im 15. Jahrhundert. Dann ließ eine Kälteperiode die Gletscher wachsen; sie begruben die meist sehr hoch gelegenen Stollen. Die Entdeckung Amerikas (1492) eröffnete ein neues Eldorado und die heimischen Bergwerke verfielen.

Fachleute schätzen den gesamten Abbau dieser vier Jahrtausende auf 20 bis 50 Tonnen reinen Goldes. Reich sind damit nur wenige geworden, wie z. B. Ignaz Rojacher, der das Observatorium auf dem Sonnblick (3105 m) baute und finanzierte. Die Bergknappen hingegen müssen ein erbärmliches Leben unter unmenschlichen Bedingungen geführt haben und hatten sicherlich nichts zu verprassen.

Heute wird Gold nur mehr zum Urlaubsvergnügen in einigen Alpentälern gewaschen: die Ausbeute beträgt vielleicht ein paar Gramm Gold, aber das ist den Urlaubern die Goldgräberstimmung wert.

Die Wetterwarte vom Sonnblick

Erst seit es Computer gibt, kann man das Wetter berechnen, und das geht so: Die Meteorologen haben die ganze Erdoberfläche in 10 km breite und 10 km lange Zellen unterteilt; und wenn in einer Zelle der Wind mit, sagen wir, 60 km/h nach Osten weht, weiß man, dass er seine östliche Nachbarzelle in 10 Minuten erreichen und dort das Wetter entsprechend beeinflussen wird, und so weiter von Zelle zu Zelle. Der Rest ist Mathematik: Ein System von zigtausend Gleichungen, das nur ein Riesencomputer lösen kann.

Dazu braucht man aber in (fast) jeder Zelle eine Wetterstation, die Temperatur, Luftdruck, Windrichtung usw. misst. Die meisten Wetterstationen sind auf dem Boden; wie es weiter oben aussieht, weiß man nicht. Da helfen Observatorien auf den Bergen: Eine der höchstgelegenen Wetterstationen der Welt wurde schon 1886 auf dem Sonnblick in einer Höhe von 3105 m errichtet.

Da dort oben Windstärken bis zu 200 km/h herrschen, kann man mit dem Hubschrauber nicht landen. Die beiden ständigen Wetterwarte müssen fünf Stunden zu Fuß hinaufgehen und können wegen der Wetterverhältnisse, aber auch wegen der Lawinengefahr oft wochenlang nicht hinunter.

Dass der Wiener Professor Heinz Zemanek seinen Computer »Mailüfterl« genannt hat (der erste Computer der Welt, der Transistoren statt Röhren verwendete), hatte nichts mit dem Wetter, sondern mit einem IBM-Computer namens »Sturmwind« zu tun, der zur gleichen Zeit entwickelt wurde, aber auch nicht schneller war als das »Mailüfterl« und für Wetterprognosen auch noch nicht schnell genug rechnen konnte.

Trinkwasser im Überfluss

Wenn man den Wasserhahn aufdreht, ist es für uns selbstverständlich, dass Wasser fließt, am Tag und bei Nacht, im Sommer wie im Winter, kühl und rein – eben in Trinkwasserqualität. Es ist schon weniger selbstverständlich, dass wir Trinkwasser auch zum Baden, Duschen und sogar zum Autowaschen verwenden.

Jeder Österreicher verbraucht etwa 140 l Wasser pro Tag, und weitere 75 l pro Kopf und Tag verbrauchen Industrie und Gewerbebetriebe. In einer kleineren Großstadt wie z. B. Salzburg mit 100 000 Einwohnern ergibt das einen Gesamtverbrauch von 30 000 bis 57 000 Kubikmetern pro Tag.

In Salzburg, wie in fast allen Städten und Dörfern in ganz Österreich, kommt das Trinkwasser aus Quellen oder aus dem Grundwasser. Oberflächenwasser aus Flüssen, Seen oder Teichen wird fast nirgends verwendet, höchstens als Reserve in wasserarmen Gegenden.

Wasserleitungsnetze gibt es erst seit der zweiten Hälfte des 19. Jahrhunderts. Bis dahin gab es öffentliche Brunnen und Hausbrunnen bzw. musste man das Wasser (von oft sehr zweifelhafter Qualität) aus Bächen und Flüssen holen. Das Salzburger Wasserleitungsnetz umfasst mehrere Speicher (mit einer Kapazität von 60 000 Kubikmetern), 525 km Transportleitungen und 400 km Hausanschlussleitungen für fast 19 000 Häuser. Der größte unterirdische Wasserspeicher ist übrigens am Mönchsberg, gleich unter der Festung Hohensalzburg.

»Am anderen Ende« werden die Abwässer in einer zentralen Kläranlage biologisch gereinigt und dem Wasserkreislauf wieder hinzugefügt.

Die Salzachöfen

In die Salzach fließen die Gletscherbäche der Hohen Tauern – des Großvenedigers, des Großglockners, der Hochalmspitze und des Hohen Sonnblicks; da kommt schon viel Wasser zusammen, und dazu kommen noch die Zuflüsse vom Hochkönig, vom Hagen- und Tennengebirge und von den Niederen Tauern. So wird die Salzach schon nach nur 100 km zum mächtigen Fluss, der sich beim Pass Lueg durch eine hohe und enge Schlucht, die Salzachöfen, hindurchzwängen muss, bevor er die Ebene erreicht. Die Salzachöfen lassen der Eisenbahn und der Autobahn keinen Platz; sie müssen durch Tunnel geführt werden. Nur die alte Bundesstraße quert hoch über der Schlucht den Pass Lueg, und der ist wegen Lawinengefahr oft gesperrt.

Der Name -öfen kommt, wie so viele Fluss- und Bergnamen in den Alpen, aus dem Keltischen: *ugha* (oder *uffa* oder auch *tschuffa*), was »Talenge« oder »Stromschnelle« bedeutet. Der Name wurde von unseren germanischen Vorfahren zwar übernommen, aber nicht verstanden, und so wurden die Engstellen der Flüsse zu *Öfen*, was dann z. B. weiter ins Ungarische übersetzt zu *buda* wurde, wie in Budapest (das in der Monarchie noch *Ofen-Pest* hieß). Und die Serben nennen Wien, wo sich die Donau zwischen Alpen und Karpaten durchpressen muss, Beć, was sich ebenfalls aus dem serbischen *peć*, für Ofen, ableiten lässt.

Die Salzachöfen wurden erstmals 1931 mit einem Kajak durchfahren. Bei Hochwasser ist das eine lebensgefährliche Tour, die nur wenige Male wiederholt wurde und schon viele Todesopfer gefordert hat.

Der Mallnitzer Tauern

Schon die alten Römer hatten einige Straßen über die Alpen gebaut, von denen man noch heute da und dort eingeschliffene Radspuren sehen kann. Nach dem Zerfall des Römischen Reichs verfielen aber die meisten von ihnen, und die Transporte mussten den Säumern mit ihren Maultier- oder Pferdekarawanen anvertraut werden – Salz in den Süden, Wein und Gewürze in den Norden. Ein solcher Saumpfad führt über den Mallnitzer Tauern (im Gebirgszug der Hohen Tauern), der immerhin auf einer Seehöhe von 2450 m liegt, andere über den Korntauern, das Hochtor am Großglockner, den Krimmler Tauern oder auch über das Hochjoch in den Ötztaler Alpen. Alle sind um die zweieinhalbtausend Meter hoch und sind von Oktober bis Mai tief verschneit und unpassierbar. Die einzigen niedrigen und ganzjährig begehbaren und befahrbaren Übergänge sind der Schoberpass in der Steiermark und der Brenner in Tirol – und dazwischen liegen gut 300 km.

Am Mallnitzer Tauern entstanden im Mittelalter die Tauernhäuser, die den Reisenden Unterkunft, Schutz und Hilfe boten; heute steht dort die Hagenerhütte des deutschen Alpenvereins. Dort übernachten aber keine Säumer mehr, sondern Bergsteiger, und der Güterverkehr rollt seit bald hundert Jahren auf den Waggons der Österreichischen Bundesbahnen durch den 8,5 km langen Tauerntunnel von Böckstein im Gasteinertal nach Mallnitz in Kärnten. Selbstverständlich kann man sich dort auch im eigenen Auto durchschleusen lassen, wenn man nicht selbst über die Tauernautobahn oder den Felbertauerntunnel nach Kärnten bzw. nach Osttirol fahren will.

Tirol

Das dreigeteilte Land

In Tirol fließen drei große Flüsse: der Inn, die Etsch in Südtirol (die als Adige bei Chioggia in die Adria mündet) und die Drau, die ebenfalls in Südtirol entspringt und durch Osttirol fließt. 1919 wurde durch den Friedensvertrag von St-Germain (der für Österreich den Ersten Weltkrieg beendete) der Brenner als Grenze zwischen Italien und Österreich festgelegt und Südtirol Italien zugesprochen. Der östlichste Zipfel Südtirols blieb bei Österreich, hat aber keine direkte Verbindung mit Nordtirol und wurde somit Osttirol genannt und bildet mit Lienz einen eigenen Bezirk.

Das eigentliche Kernland von Tirol ist aber Südtirol, und die Burg, die dem ganzen Land ihren Namen gibt, das Schloss Tirol, steht auf einem Felszacken bei Meran in Südtirol.

Nach dem Ersten Weltkrieg wurde Südtirol italianisiert, alle Ortsnamen wurden geändert, Bozen wurde *Bolzano*, Brixen *Bressanone*, aus der Etsch wurde die *Adige* usw. Sogar die Kaffeerösterei Julius Meinl musste in *Giulio* Meinl umbenannt werden. Zum Dank dafür, dass Mussolini dem »Anschluss« Österreichs an das Dritte Reich zugestimmt hatte, siedelte Hitler die Südtiroler nach Deutschland aus. 1946 gelang es dem österreichischen Außenminister Karl Gruber, einem Tiroler, und dem italienischen Ministerpräsidenten Alcide De Gasperi (der bis 1918 Abgeordneter für Trient – dem jetzigen Trento – zum österreichischen Reichsrat war) die Aussiedlung rückgängig zu machen. Es sollte aber weitere 40 Jahre dauern, bis die damals ebenfalls vereinbarte Autonomie für Südtirol verwirklicht wurde.

Die Brücke über den Inn

≡

Der Inn entspringt im Engadin in den Schweizer Alpen, nur wenige Kilometer von den Quellen der Rhône oder des Rheins entfernt; also dort, wo ein vom Bergwind hin- und hergewehter Regentropfen nicht weiß, ob er über die Rhône ins Mittelmeer, über den Rhein in die Nordsee oder über den Inn ins Schwarze Meer fließen wird.

Bei Hochfinstermünz betritt der Inn Tiroler Land, fließt durch Innsbruck und verlässt Österreich bei Kufstein in Richtung Bayern, kehrt bei Braunau an die österreichische Landesgrenze zurück und mündet in Passau in die Donau.

Eigentlich mündet dort die Donau in den Inn: Fährt man mit einem Schiff durch die Dreiflüssestadt Passau (wo auch das Flüsschen Ill in die Donau mündet), sieht man, dass dort der Inn viel breiter und mächtiger als die Donau ist. Aber das Donautal wurde schon lange vor den Römern vom Schwarzen Meer her besiedelt und der uralte Name Donau hat sich durchgesetzt.

Genau dort, wo die Straße über den Brenner, den niedrigsten Übergang über die Alpen, auf den Inn trifft, haben schon die Römer eine Brücke und eine Stadt gebaut, aus der dann Innsbruck wurde. Die Flusstäler waren damals vermurt und versumpft – keine gute Basis für eine Straße. So führte die Römerstraße auch nicht den Inn entlang, sondern über den Fernpass nach Augsburg.

Heute haben nicht nur die Warentransporte vom Süden in den Norden (und umgekehrt) enorm zugenommen, sondern auch der Verkehr von West- nach Ostösterreich. Das Inntal ist mit Eisenbahnen, Autobahnen und Straßen so verstopft, dass für Dörfer und Städte fast kein Platz mehr bleibt.

Der Brenner

Der Brenner ist mit nur 1371 m Seehöhe der niedrigste Alpenüber-
gang und die kürzeste Verbindung von Deutschland nach Italien. Während seine Scheitelstrecke eigentlich recht flach ist, sind seine Zufahrten
schluchtartig und unzugänglich. Die Brennerstraße ist auf beiden Seiten
kurvig, steil und unübersichtlich; die Eisenbahn fährt durch viele Tunnel, die Autobahn führt über Hangbrücken und überquert das Wipptal
bei Innsbruck über die 190 m hohe Europabrücke, eine der höchsten
Brücken der Welt.

Für die Benützung der Autobahn wird Maut eingehoben, was aber
den Verkehr nicht eingebremst hat. Im Gegenteil. Im Jahr 2004 über-
querten mehr als 2 Millionen Lkws den Brenner, in den nächsten fünf
Jahren soll sich diese Zahl verdoppeln. Die Pkws fallen da weniger ins
Gewicht, überhaupt seit Fliegen so billig geworden ist, dass viele Leute
lieber im Flieger als im Auto sitzen.

Trotz vieler Maßnahmen, den Lkw-Verkehr zu begrenzen (Lärm-
schutzwände, abgasbeschränkte Motoren und Nachtfahrverbote) ist es
nicht gelungen, den Gütertransport von der Straße auf die Schiene zu
verlagern. Dafür ist die Eisenbahn einfach zu unflexibel. Wenn ein Lkw
einmal beladen ist, fährt er gleich zum Bestimmungsort weiter, ohne
dass die Fracht in Waggons und am Zielbahnhof erst wieder auf Lkws
umgeladen werden muss. Das kann die Eisenbahn nicht.

Jetzt soll um 20 Milliarden Euro ein 50 km langer Eisenbahn-Basis-
tunnel unter dem Brenner gebaut werden, wofür aber niemand zahlen
will: Die Österreicher brauchen den Tunnel nicht, die Deutschen wollen, dass die Italiener zahlen ...

Hinterbärenbad

═

Bei Kufstein hat sich der Inn eine Bresche durch die nördlichen Kalk-
alpen gebrochen, genauer gesagt, zwischen dem Thierberg im Westen
der Stadt und dem Kaisergebirge im Osten; und dort heißen die nied-
rigeren Gebirgskuppen Zahmer Kaiser und die wild aufgetürmten Fel-
senberge Wilder Kaiser. Dazwischen liegen das Kaisertal und die nur
schwer zugängliche Schlucht des Kaiserbachs, der bei Hinterbärenbad
entspringt. Dort steht heute ein Schutzhaus und ein Holzkreuz, aber
kein Bärendenkmal wie in Berndorf in Niederösterreich.

Es ist auch nicht bekannt, ob dort wirklich jemals Bären gebadet
haben (man weiß ja nicht einmal, ob Bären überhaupt baden), aber Bären hat es dort, wie überall in den österreichischen Alpen, sicher einmal gegeben. Jetzt gibt es sie freilich nur mehr in den Karawanken,
dem Grenzgebirge zwischen Kärnten und Slowenien, und am Ötscher,
an der Landesgrenze zwischen Niederösterreich und der Steiermark. Es
handelt sich um Braunbären, die von Slowenien her eingewandert sind.
Sie sind scheue Tiere, und wenn man auf einen Bären trifft, soll man
nicht weglaufen, sondern stehen bleiben und laut reden; dann trollen
sie sich angeblich von selbst.

Oberhalb der Stadt Kufstein, auf der Burg Kufstein, steht auch die
größte Freiluftorgel der Welt. Sie wurde 1931 als Mahnmal an die To-
ten des Ersten Weltkriegs errichtet und wird daher auch »Heldenorgel«
genannt. Auf ihr wird jeden Tag nach dem Mittagsläuten gespielt. Bei
ruhigem Wetter kann man sie noch aus 10 km Entfernung hören.

Der gerettete Kaiser

Von Innsbruck flussaufwärts beherrscht rechter Hand eine hohe Felswand das Inntal: die Martinswand. Dort soll sich Kaiser Maximilian bei der Jagd verstiegen haben, sodass er weder vor noch zurück konnte. In seiner Not betete er zur Muttergottes, und wie durch ein Wunder erschien ihm ein Schutzengel, der ihn an der Hand nahm und ihn in sicheres Gelände führte.

Auf seinen Schutzengel darf man heute noch hoffen; auf jeden Fall aber hilft die Bergrettung: ein Verein von 10 000 freiwilligen und unbezahlten Helfern, die in Bergnot geratene Menschen wieder »herausholen«. Vom Wienerwald bis zum Rätikon sind sie in 293 Ortsstellen organisiert. Im Jahr 2003 konnten sie mehr als 7000 Menschen lebend, 175 aber nur mehr tot bergen.

Bergunfälle sind meistens auf Unterschätzung der alpinen Gefahren und Überschätzung der eigenen Kräfte zurückzuführen. Die häufigsten Unfallursachen sind Herz- und Kreislaufversagen; Abstürze von Kletterern sind eher selten. Skiunfälle und die Bergung von Lawinenopfern nehmen aber mit der steigenden Zahl von Skifahrern zu.

Geh nicht allein in die Berge! Geh nur gut ausgerüstet: feste Schuhe, Regen- und Kälteschutz – auch auf niedrigen Bergen wie der Rax (2007 m) sind bei Wetterstürzen schon im August Menschen erfroren! Und kommst du in Bergnot, ruf am Handy die Bergrettung (Telefonnummer 140 oder Polizei 133) oder gib das alpine Notsignal: sechs Hilferufe (oder Lichtzeichen oder Pfeifsignale) in der Minute. Nach einer kurzen Pause so lange wiederholen, bis die Antwort kommt: drei Signale pro Minute.

Vorarlberg

Die beiden Walsertäler

===

Von allen Bundesländern ist der Fläche nach Vorarlberg das kleinste (wenn man von Wien absieht, aber das ist ja eine Stadt) und sicherlich das unzugänglichste. Schon um überhaupt hinzukommen, muss man über den Arlbergpass, den einzigen, fast 2000 m hohen Übergang in einer Kette von Dreitausendern (Piz Buin 3312 m) oder Fast-Dreitausendern (Valluga 2811 m). Nur im Westen kommt man über den Rhein oder die Ufer des Bodensees leichter ins »Ländle«. Und quer durchs Land zieht sich die Schlucht des Großen Walsertals.

Es gibt auch das Kleine Walsertal, das nach Deutschland hinausgeht. Vom Ende des Kleinen zum Anfang des Großen Walsertals sind es nur 15 km Luftlinie – dazwischen liegen aber zwei Bergmassive und die Schlucht der Bregenzer Ache; auf der Straße macht das einen Umweg von fast 100 km, noch dazu über deutsches Gebiet. Das Kleine Walsertal ist von Österreich so vollständig abgeschnitten, dass es zum deutschen Wirtschaftsgebiet gehört und die Deutsche Mark offizielles Zahlungsmittel war. Aber ihre Steuern müssen die Walser trotzdem schön brav in Österreich zahlen.

Die Walser sind ein uralter alemannischer Stamm, der zuerst das Wallis im oberen Rhônetal in der Schweiz besiedelte, dann Seitentäler des Aostatals in Italien, später Graubünden in der Schweiz und schließlich die Hochtäler Vorarlbergs. Die östlichste Walsersiedlung ist Galtür, das aber schon in Tirol liegt. Die Walser waren Säumer (Führer von Maultierkarawanen über die Alpenpässe), später auch Wanderhandwerker. Typische »Bergler« sind sie bis heute geblieben.

Das Kandaharrennen am Arlberg

===

Wie das Kandaharrennen, ein Skiwettlauf, zu seinem Namen gekommen ist, wissen wir: Der britische General Frederick Roberts hatte 1878 bei der afghanischen Stadt Kandahar eine Schlacht gewonnen und wurde dafür zum »Earl of Kandahar« ernannt. Er war ein großer Förderer des Wintersports und stiftete 1911 den Kandahar-Pokal für ein Skirennen in Mürren in der Schweiz. Ein anderer britischer Wintersportler, Sir Arnold Lunn, brachte das Rennen auf den Arlberg, wo es seit 1928 ausgetragen wird.

Der Arlberg ist aber nicht die Wiege des alpinen Skilaufs (die lag in Niederösterreich in Lilienfeld, wo Mathias Zdarsky die erste fixe Skibindung erfand und wo schon 1901 das erste alpine Skirennen abgehalten wurde), wohl aber die Geburtsstätte der modernen Skitechnik: die von Hannes Schneider gegründete Arlbergschule, die den von Zdarsky erfundenen Stemmbogen zum Stemm-Kristiania und später zum Parallelschwung weiterentwickelte; zum heutigen »Wedeln« war es dann nur mehr ein kleiner Schritt.

Aber auch die Österreicher haben den Skilauf nicht erfunden – das waren vielmehr die Norweger, die in ihrem dünn besiedelten Land Langlaufskier als Fortbewegungsgerät einsetzten. Nachdem 1889 der Polarforscher Fridtjof Nansen Grönland auf Skiern durchquert hatte, ließen sich Zdarsky und der Grazer Max Kleinoscheg solche Skier kommen und begannen damit zu experimentieren. Zdarskys fixe Skibindung wurde von Oberst Georg Bilgeri weiterentwickelt. Er war es auch, der schon 1913 auf Einladung des Tenno dem japanischen Militär das Skilaufen beibrachte.

Die »Westside Story« Österreichs

=

Graz war im Jahr 2003 Kulturhauptstadt Europas, Linz wird es 2008, Wien ist jedes Jahr und zu allen Jahreszeiten ein kulturelles Zentrum und Salzburg ist durch seine Festspiele berühmt geworden. Sogar das kleine Burgenland hat seine Operettenfestspiele in Mörbisch und Opernaufführungen im Römersteinbruch, beide unter freiem Himmel.

Vorarlberg ist weit weg von Wien, aber deswegen noch lange nicht von aller Kultur entfernt. Natürlich kann Vorarlberg nicht mit großen Opernhäusern aufwarten, dazu ist das Land zu klein. Aber im Sommer wird Vorarlberg zum »Kulturhauptland«: Die Saison beginnt in der Kleinstadt Hohenems mit der Schubertiade, die jetzt auch in Schwarzenberg im Bregenzer Wald abgehalten wird und wo in erster Linie Kammermusik und Lieder von berühmten Interpreten zu Gehör gebracht werden. Hohenems war immer schon ein Kulturzentrum (und auch Mittelpunkt einer bedeutenden jüdischen Gemeinde), und Schwarzenberg ist der Geburtsort der berühmten Malerin Angelika Kauffmann, die schon Goethe auf seiner italienischen Reise kennen und bewundern lernte.

Ein paar Wochen später folgen dann die Opernaufführungen auf der Seebühne in Bregenz, die nicht nur durch ihre musikalischen Qualitäten hervorstechen (auch dort spielen erstklassige Orchester – wie die Wiener Symphoniker – und treten große Sängerinnen und Sänger auf), sondern auch durch die Inszenierung und die Monumentalität ihrer Bühnenaufbauten. Vor ein paar Jahren hat man für die Aufführung von Leonard Bernsteins »Westside Story« eine ganze (eigentlich eine halbe, abgerissene) Autobahnbrücke mitten auf die Seebühne gestellt, um das New Yorker Milieu stilgerecht nachzubilden.

Wo das Wasser bergauf fließt

Das tut es nicht wirklich; aber das hat mit einer anderen Frage zu tun: Was macht der elektrische Strom, wenn er nicht fließt? Wenn alle Leute gleichzeitig das Licht abdrehen, bleiben dann die Kraftwerke stehen? – Das tun sie nicht. Strom kann man aber nur in kleinsten Mengen speichern, in Batterien oder Akkumulatoren; so kann man keine Häuser und Straßen beleuchten.

Nun kann man Wasser im Stau der Flusskraftwerke speichern, aber nur begrenzt; sonst würde es ja immer wieder zu Überschwemmungen kommen; oder man pumpt es in der Nacht mit dem überschüssigen Strom der Flusskraftwerke in höher gelegene Speicherseen hinauf. Genau das geschieht in den 22 österreichischen Speicherkraftwerken.

Das älteste von ihnen, Arnstein in der Steiermark, nützt ein Gefälle von 240 m und wurde schon 1925 gebaut. Das größte Pumpspeicherwerk ist in Vorarlberg am Lünersee, in den das Wasser Nacht für Nacht 974 m hochgepumpt wird, um dann am Tag wieder die Kraftwerksturbinen zu betreiben. Die natürlichen Zuflüsse der Gletscherwässer und Bäche würden gerade reichen, um das Staubecken des Lünersees einmal in fünf Jahren zu füllen. Durch die viermal so große Fallhöhe und die größeren Staubecken (das eine oben, das andere unten, sonst hätte man ja kein Wasser zum Hinaufpumpen) erzeugt das Lünerseewerk 40-mal mehr Strom als Arnstein.

Mit 1970 m Seehöhe ist der Lünersee kein Badesee. Die bei den Bauarbeiten stark beschädigte Douglass-Schutzhütte (1869 dort erbaut) wurde aber wieder für Bergsteiger hergerichtet.

Die Bodenseeflotte

Man möchte gar nicht glauben, dass ein Binnenland wie Österreich an die internationale Schifffahrt angeschlossen ist: im Osten über die Donau und den Rhein-Main-Donaukanal mit den Niederlanden und Deutschland bzw. mit Ungarn, Kroatien, Serbien, Rumänien, Bulgarien und der Ukraine; oder über den Bodensee mit Deutschland und der Schweiz. Der Bodensee ist mit seinen 536 km² der drittgrößte See Mitteleuropas (nach dem Plattensee in Ungarn und dem Genfersee, die beide nur wenig größer sind) und ist ein wichtiger Verkehrsträger vor allem zwischen Deutschland und der Schweiz (Friedrichshafen–Romanshorn). Der Bodensee wird vom Rhein durchflossen, aber weil der bei Schaffhausen über den Rheinfall hinunterdonnert, können die Schiffe der Bodenseeflotte Basel und die weiteren Häfen der Rheinschifffahrt nicht anlaufen.

Außerdem friert der Bodensee hin und wieder zu, sodass die Schiffe nur von April bis Oktober verkehren, aber dann bis zu achtmal täglich, z. B. von Bregenz bis Konstanz; oder von Romanshorn zur Insel Mainau und über Lindau, Bregenz, Rohrschach zurück nach Romanshorn. Die größten Schiffe auf dem Bodensee sind die »Austria«, die bis zu 1200 Passagiere aufnehmen kann, und die »Vorarlberg« (1000 Passagiere). Der Bodensee ist natürlich auch ein Paradies für Segelboote und Surfer, aber das kann gefährlich werden: Bei starkem Sturm schlägt der Bodensee bis zu 3,5 m hohe Wellen.

Österreich hat nur einen kleinen Anteil am Bodenseeufer, an dem aber Bregenz, die Hauptstadt Vorarlbergs, liegt. Mit nur 27 000 Einwohnern ist sie nach Eisenstadt im Burgenland die zweitkleinste Landeshauptstadt in Österreich.

Kärnten

Klare Gewässer

===

Der schönste Badesee wird unattraktiv, wenn er mit Algen überzogen ist, und ein romantisches Tal wird hässlich, wenn sein Fluss zum schmutzigen Gerinne geworden ist. Durch seine Lage in den Alpen hat Österreich Wasser im Überfluss. Jeder Haushalt verbraucht für Duschen, Zähneputzen, Wäschewaschen, die Klospülung usw. ungefähr 200 l Wasser pro Tag. Früher hat man viel weniger Wasser verbraucht; das Schmutzwasser konnte im Boden versickern. Jetzt wird es aber kanalisiert und verschmutzt die Flüsse. Dazu kommen noch die Abwässer der Industrie.

Als der Ossiacher See, der drittgrößte See Kärntens, in den Sechzigerjahren fast schon »kippte« (die Algen drohten den Fischbestand zu ersticken), musste man handeln. Die Abwässer der anliegenden Dörfer wurden in einem Ringkanal aufgefangen und in ein Klärwerk bei Villach gepumpt. Auch die Zuflüsse durften nur mehr geklärtes Wasser in den See spülen. 350 km Kanalleitungen wurden um 130 Millionen Euro gebaut; jetzt hat der See wieder Badewasserqualität. Auch die anderen Seen wurden so gerettet.

Aber nicht nur die Seen, sondern auch die Flüsse wurden saniert: Während früher z. B. die Abwässer Wiens (500 000 m³ pro Tag!) einfach ungeklärt in die Donau flossen, werden sie jetzt in einem Sammelkanal erfasst und in der Hauptkläranlage zuerst »geseiht« und von Schotter und Sand befreit, dann durch Mikroorganismen in riesigen Absetzbecken biologisch gereinigt. Der Klärschlamm wird getrocknet und im Fernheizwerk der Stadt Wien verbrannt – was einen doppelten Nutzen bedeutet.

Die »Verbotene Stadt«

Der Markt Hüttenberg in Kärnten, am westlichen Abhang der Saualm, verdankt seinen Namen den Eisenhütten, in denen das dort geschürfte Eisenerz verhüttet und so Eisen gewonnen wurde. Daran erinnern aber nur mehr die Blasmusikkapelle der Bergknappen und ein Museumsstollen.

Ein anderes Museum wurde dort von Dr. Heinrich Harrer aus Hüttenberg aufgebaut. Er war wohl der letzte große Entdeckungsreisende der Welt. 1938 durchkletterte er zusammen mit drei anderen Alpinisten als Erster die bis dahin als unbesteigbar geltende Eigernordwand in der Schweiz. Ein Jahr später nahm er an einer Himalajaexpedition teil, wurde aber zu Beginn des Zweiten Weltkriegs als feindlicher Ausländer in Indien interniert. Er konnte flüchten und ging zu Fuß über den Himalaja bis in die »Verbotene Stadt« Lhasa, die Hauptstadt von Tibet; kein gewöhnlicher Fremder durfte sie betreten, Tibet war damals noch ein abgeschotteter Gottesstaat. Trotzdem konnte er dort Fuß fassen und wurde sogar Lehrer des Dalai-Lama, mit dem ihn bis zu seinem Tod eine tiefe Freundschaft verband.

Sein Buch »Sieben Jahre in Tibet« wurde in viele Sprachen übersetzt und auch verfilmt. Später unternahm er Forschungsreisen in den Dschungel Neuguineas, wo er Menschen entdeckte, die wie in der Steinzeit lebten und noch nie einen Weißen gesehen hatten (sein Buch darüber trägt den bezeichnenden Titel »Ich komme aus der Steinzeit«). Er bereiste auch bis dahin unerforschte Gebiete Afrikas und des Amazonas in Südamerika. Auch von dort sind in seinem Museum viele Funde ausgestellt.

Die Großglockner-Hochalpenstraße

Während das 19. das Jahrhundert des Eisenbahnbaus war, war das 20. das Jahrhundert des Straßenbaus. Mit der Erfindung des Automobils mussten die bis dahin meist nur geschotterten Straßen asphaltiert, die Landstraßen begradigt und enge Kurven ausgebaut werden, um den immer höher werdenden Geschwindigkeiten der Autos Rechnung zu tragen.

In den Dreißigerjahren begann man in Österreich auch mit dem Bau von Aussichtsstraßen. So entstand in Wien die Höhenstraße, in Niederösterreich die Straße auf die Hohe Wand, in Salzburg die Gaisbergstraße und die Packer Straße von der Steiermark nach Kärnten. Das größte Projekt war die Großglockner-Hochalpenstraße, die von Heiligenblut in Kärnten am Großglockner (3798 m) vorbei über das Hochtor (2503 m) bis nach Bruck in Salzburg führt. In diesen Höhen herrschen bereits arktische Verhältnisse und daher ist die Großglockner-Hochalpenstraße nur von Mai bis Oktober bzw. Anfang November offen. Im Frühjahr müssen bis zu 8 m hohe Schneewächten abgefräst werden, um die Straße zu räumen.

Die Großglocknerstraße wurde im September 1934 zum ersten Mal mit einem Auto, einem »Steyr 50«, befahren und ein Jahr später für den öffentlichen Verkehr freigegeben. Der »Steyr 50« war ein Viersitzer mit einem wassergekühlten 4-Zylinder-/22-PS-Motor aus den Steyr-Daimler-Puch-Werken in Graz. Bis 1940 wurden dort 13 000 »Steyr 50« bzw. »Steyr 55« und 5900 »Steyr 220« (6 Zylinder/55 PS) gebaut. Nach dem Krieg stellte Steyr keine eigenen Pkws mehr her, sondern unter einer Fiat-Lizenz (»Topolino«) den »Puch 600«.

Urlaub am Monte Santo di Lussari

Urlaub hat mit Erlauben zu tun, nämlich mit der Erlaubnis, für ein paar Tage fortzugehen: von der Arbeit, vom Dienstherren, vielleicht sogar von der Familie. Bis weit ins 19. Jahrhundert gab es keinen geregelten, geschweige denn bezahlten Urlaub, aber man durfte einmal im Jahr an einer Wallfahrt teilnehmen, zu Fuß, zusammen mit anderen Wallfahrern zu einer der bekannten Wallfahrtskirchen, nach Mariazell oder auf den Monte Santo di Lussari. Das war dann der Urlaub.

Der Monte Santo di Lussari ist ein 1789 m hoher Berg im Kanaltal, ein paar Kilometer westlich von Tarvis, auf dem seit 1360 die Kirche von Maria Luschari steht (oder Svete Višarje, wie die Slowenen sagen, oder, wie die Italiener, eben Monte Santo di Lussari). Allen drei Völkern ist er heilig. Früher einmal sollen pro Jahr etwa 50 000 Pilger aus Kärnten, aus der Untersteiermark, aus Krain und aus Friaul gekommen sein, jetzt sind es immer noch um die 20 000. Die Gottesdienste werden in deutscher, slowenischer und italienischer Sprache gehalten.

Entstanden ist das Heiligtum so: Ein Schafhirte soll in einem Busch hoch oben am Berg eine Muttergottesstatue gefunden haben und brachte sie sogleich dem Pfarrer, der sie wegsperrte. Am nächsten Tag war die Statue verschwunden, wurde aber im gleichen Busch wiedergefunden und das Gleiche ereignete sich noch einmal am dritten Tag. Da ließ der Bischof von Aquileia dort eine Kirche bauen. Die Statue steht auf dem Hochaltar. Sie ist 54 cm hoch, aus Lindenholz und die Muttergottes und das Jesuskind sind mit einer vergoldeten Silberkrone geschmückt.

Der Lindwurm im Herzogstuhl

»Da ist der Wurm drin«, sagt man, wenn etwas faul ist. Aber erstens ist der Klagenfurter Lindwurm kein Wurm, wie das Wort andeuten würde, sondern ein ausgewachsener Drache, und im Herzogstuhl kann er auch nicht sein, denn dieser ist aus Stein. Woraus folgt, dass der Wurm nicht im Herzogstuhl sein kann. Oder?

Der Herzogstuhl ist ein steinerner Thron in einer Einfriedung am Zollfeld zwischen Klagenfurt und St. Veit, auf dem die Kärntner Herzöge ihren Amtseid leisten mussten, und zwar in »windischer«, sprich slowenischer Sprache, und das bis ins 14. Jahrhundert. Seither haben die Kärntner Landesfürsten ihren Amtseid, wenn überhaupt, nur mehr in deutscher Sprache geleistet. Der Sprachenstreit ist also uralten Datums und bis heute nicht ganz gelöst.

1919 kam es in Kärnten zu Gefechten zwischen jugoslawischen Truppen und Kärntner Abwehrkämpfern; 1920 wurde dann abgestimmt, ob das vorwiegend slowenischsprachige Gebiet Südkärntens sich Jugoslawien anschließen oder bei Österreich verbleiben wolle. 59 Prozent sprachen sich für den Verbleib bei Österreich aus. Ihre Loyalität hat den slowenischen Kärntnern aber nur wenig genützt: in der Nazizeit verfolgt und teilweise vertrieben, sind ihnen auch die im Staatsvertrag von 1955 zugesicherten Rechte auf zweisprachige Ortstafeln und slowenische Bezeichnungen auf Schulen und Gemeindeämtern immer noch nicht voll erfüllt worden. Da ist also wirklich der Wurm drin.

Es gibt aber im umstrittenen Gebiet immerhin zweisprachige Kindergärten und Schulen und in Klagenfurt sogar ein slowenisches Gymnasium.

Steiermark

O5 und 06

O5 und 06, das sind zwei Geheimcodes, die nichts und doch etwas gemeinsam haben: *O5* war im Zweiten Weltkrieg ein Zeichen der österreichischen Widerstandsbewegung, meist mit Kreide an die Wand geschrieben; so auch rechts vom Tor des Stephansdoms in Wien (jetzt ist es im Stein für ewige Zeiten nachgemeißelt). *5* ist der fünfte Buchstabe des Alphabets, also *E*; das ergibt zusammen mit *O* dann *OE*, das Kürzel für Österreich. Österreich hatte ja 1938 durch den Anschluss an Deutschland zu bestehen aufgehört.

06 ist einfach die Nummer der Wanderwege nach Mariazell. In Österreich sind alle Wanderwege mit rotweißroten Wegmarken an Häusern, Bäumen und Zäunen markiert und mit schwarzen Ziffern nummeriert, um sie auseinanderzuhalten. Wer von A nach B wandern will, braucht nur den Markierungen mit der gleichen Nummer zu folgen.

Aber es gibt viele Wege mit der rotweißroten Markierung und der Nummer *06*: Sie führen *alle* nach Mariazell. Vom Waldviertel und vom Weinviertel, ja sogar vom Burgenland und von Kärnten aus führen diese Wege zu dem Wallfahrtsort in der Mitte von Österreich. Dort wird die heilige Maria Muttergottes verehrt, die »Magna Mater Austriae«, die große Mutter Österreichs. Man muss nicht katholisch sein, um die Mariazeller Muttergottes zu verehren; sie ist ein Symbol für alle Österreicher.

Natürlich kann man heute Mariazell bequem mit dem Auto oder mit der Eisenbahn erreichen, aber einmal im Leben sollte man doch zu Fuß nach Mariazell wandern, um der heiligen Mutter Österreichs seinen Respekt zu erweisen.

Zeit lassen!

===

»Zeit lassen!« war ein alter Gruß unter Holzknechten und Bauern in der Obersteiermark, statt *Grüß Gott*; sie wünschten sich damit ein bisschen weniger Hektik im täglichen Leben: »Morgen ist ja auch noch ein Tag«, wie das Sprichwort sagt. Beim Arbeiten vergeht die Zeit schneller als beim Nichtstun; aber da gibt es ja auch ein anderes Sprichwort: »Was du heute kannst besorgen, das verschiebe nicht auf morgen!« Sprichwörter sind sozusagen Gedankenkonserven, die man je nach Bedarf vom Regal nehmen kann.

In vielen Alpentälern gibt es einen Mittagskogel. Wenn die Sonne direkt über ihm steht, ist es Zeit für die Mittagspause, da braucht man keine Uhr. Und aufstehen muss man am Land ohnehin mit der Sonne (oder noch früher, mit dem ersten Hahnenschrei), wenn die Stallarbeit rechtzeitig bis zum Frühstück fertig werden soll.

Auf dem Uhrturm am Schlossberg in Graz vergeht die Zeit verkehrt herum: Auf seinen vier Zifferblättern gibt der kleine Zeiger die Minuten, der große Zeiger die Stunden an. Die Uhr stammt noch aus einer Zeit, wo die Zeiger nur die Stunden anzeigten; die Minutenzeiger wurden erst später dazugebaut.

Um 7 Uhr in der Früh, zu Mittag und um 7 Uhr am Abend schlägt den Grazern vom Schlossberg die große Glocke, die »Liesl«, die Stunde. Ihre 101 Glockenschläge sind über die ganze Stadt zu hören. Als 1809 die Franzosen die Festung auf dem Schlossberg schleifen ließen, kauften ihnen die Grazer um 2978 Gulden und 11 Kreuzer den Uhrturm und die »Liesl« ab; so wichtig (und so teuer) waren ihnen die beiden.

Der durchlöcherte Schlossberg

=

Dass eine Stadt rund um einen Berg gebaut wurde, ist nichts Seltenes, das trifft für Salzburg zu, aber auch für Brünn, Laibach oder Graz. Hier ist es der Schlossberg, der die Stadt um ganze 123 m überragt und eine großartige Aussicht über die verwinkelten Dächer der Grazer Altstadt, vom Schöckel bis zum Kranz der Gleinalm, Stubalm und Koralm und zum Bachern (Pohorje) in der Untersteiermark bietet.

Der Name Graz kommt vom slawischen *gradec,* was kleine Burg bedeutet. Auf dem Schlossberg war eine richtige Festung mit Basteien, Burgmauern, Schießscharten, Kasematten und Türmen. Als 1809 die Festung in den Franzosenkriegen geschleift werden musste, blieben nur die Basteien, der Uhrturm und ein Glockenturm (mit einer großen Glocke, der »Liesl«) übrig. Ab 1854 wurde der Berg mit Bäumen, Sträuchern und Blumen bepflanzt, die heute zusammen mit dem Stadtpark eine herrliche Parkanlage bilden. Aus den gesprengten Kasematten wurde ein Freilufttheater, in den Basteien sind jetzt Restaurants. Eine Standseilbahn führt direkt auf den Schlossberg hinauf.

Im Ersten Weltkrieg wurde (von russischen Kriegsgefangenen) der Schlossbergsteig über die westliche Felswand auf den Schlossberg gebaut; im Zweiten Weltkrieg wurde er von englischen Kriegsgefangenen mit einem Stollensystem durchzogen, das bis zu 20 000 Grazern als Luftschutzraum diente; jetzt hat man dort sogar einen Aufzug bis zum Uhrturm hineingebaut. Bequemer kann man eine ehemalige Festung, einen Aussichtspunkt und ein Erholungsgebiet mitten in einer Stadt wohl kaum erreichen.

Puntigam links

»Puntigam links« ist jedem Grazer ein wohlbekannter, aber Gott sei Dank nicht wirklich vertrauter Begriff: Damit ist das Irrenhaus gemeint, das offiziell Landesnervenklinik Sigmund Freud heißt und linker Hand der Eisenbahn Graz–Marburg liegt.

Vor 100 Jahren bestand dieser Grazer Vorort nur aus einem Bahnhof, dem Irrenhaus und der Brauerei Puntigam; ein Gendarmerieposten wurde erst auf Bitten der Brauereidirektion eingerichtet, um die ständigen Wirtshausraufereien in der Brauhofgastwirtschaft einzubremsen. Das muss so um 1930 gewesen sein. Damals hatte die Brauerei auch noch große Eisteiche, aus denen Eisblöcke herausgesägt wurden, die dann in den Gärkellern der Brauerei das frisch gebraute Bier kühlten.

Die Brauerei Puntigam ist seither ständig gewachsen und ist jetzt eine der größten Brauereien Österreichs. Auch der Ort Puntigam ist immer größer geworden und bildet heute den 17. Bezirk von Graz.

Die Brauerei Puntigam fördert (»sponsert«) auch seit vielen Jahren den Fußballverein »SK Sturm Graz«. »Lustig samma, Puntigamma« (lustig sind wir Puntigamer) ist seither der Slogan des Klubs, der aber nicht im Puntigamer, sondern im Liebenauer Stadion spielt, in einem anderen Vorort von Graz. Der »SK Sturm« wurde 1909 gegründet und wurde 1998 und 1999 österreichischer Meister, spielte auch ein paar Mal in der Champions League, kam aber über die ersten Runden nie hinaus. Sein großer Stadtrivale, der GAK, wurde erstmals in der Saison 2003/04 österreichischer Meister und Cupsieger.

Das Lahnwaberl

In allen Gegenden Österreichs erzählt man sich Geschichten, die vielleicht einen wahren Kern haben oder einfach nur gut erfunden sind, wie die Sage vom »Lahnwaberl«. Die Lahn ist ein trübes Gewässer in der Weststeiermark und das Lahnweiberl wird meistens als alte Frau beschrieben, die einem Lasten- oder Sargträger ihre Hilfe anbietet, ihm dann aber auf die Schulter hüpft und so die Last noch schwerer macht. Anderen Leuten soll sie einen Blumenstrauß unter die Nase halten und mit »Schmeck's« zum Riechen auffordern; aber wenn man daran riecht, verwandelt er sich in einen Dornenstrauch und zersticht die Nase.

Menschenfreundlicher war da der Höllerhansl, ein Wunderheiler, ebenfalls aus der Weststeiermark. Er hat wirklich gelebt (†1936) und hat seinen Patienten die Diagnose aus ihrem Urin erstellt, den sie ihm in Fläschchen brachten. Daher bekam die 12 km lange, einspurige Schmalspurbahn von Preding-Wieseldorf nach Stainz bald den Spottnamen »Flascherlzug«. Seit einigen Jahren wird dieser Zug von Eisenbahnfreunden an Wochenenden im Sommer wieder betrieben, sogar mit einem Speisewagen, in dem Schmalzbrote und Schilcher, ein Stainzer Roséwein, angeboten werden.

An allen anderen Tagen ist der »Flascherlzug« eingestellt; sie ist auch nicht mehr an das Schienennetz der Graz-Köflacher-Bahn angeschlossen. Diese ist selbst ein Überbleibsel aus der Zeit, als in Köflach noch Braunkohle gefördert wurde. Die Gruben sind jetzt ausgekohlt und die offene große Kohlengrube zwischen Köflach und Maria-Lankowitz ist jetzt bepflanzt und in ein Erholungsgebiet umgewandelt worden.

Dirndl und Steireranzug

Je weiter man sich von der Stadt entfernt, desto öfter sieht man Landestracht: die Frauen im sogenannten Dirndl, die Männer im Steireranzug. Das Dirndl ist ein Rock mit einem angenähten, meist verschiedenfarbigen Mieder, das mit einer nochmals andersfarbigen Schürze und einer weißen Bluse getragen wird; der Steireranzug ist ein steingrauer Lodenrock mit grünen Aufschlägen und Hirschhornknöpfen, dazu eine Lederhose mit Latz und Hosenträgern oder eine graue Lodenhose mit grünen Lampassen (»Generalsstreifen«). Natürlich ist deren Besitzer kein General. Allerdings wurde mein Großvater mütterlicherseits von seinen Wiener Freunden begafft und als »steirischer General« gehänselt, als er eines Tages, mit einem Steireranzug bekleidet, von Graz in sein väterliches Wien zurückkehrte. Dabei war er damals nur ein kleiner Prokurist einer Wiener Waggonfabrik, die ihn in ihre Grazer Filiale versetzt hatte.

In Kärnten nennt man den Steieranzug natürlich Kärntneranzug; er ist aus braunem Loden, mit grünen Aufschlägen. In Niederösterreich nimmt man grauen Loden und dunkelblaue Aufschläge; jedes Bundesland hat da seine eigene Version. Oft kommt noch eine schwarze Samtweste mit Silberknöpfen dazu, in Tirol ein rotes Wams mit aufgesticktem Adler.

Das Dirndl kennt noch viel mehr Varianten, da hat jede Region, ja jedes Tal ein eigenes Tuch für Rock, Mieder und Schürze. In der Wachau und in Oberösterreich kommt noch die Goldhaube dazu, mit verschiedenen Goldstickereien, damit man sehen kann, aus welchem Gau deren Trägerin kommt.

Der Erzberg

Mitten in den Bergen der Steiermark liegt der Erzberg, wo seit 2000 Jahren Eisenerz abgebaut wird. Eisenerz ist ein eisenhältiges Gestein. Zerkleinert und mit Kalkstein und Steinkohlenkoks gemischt, wird es in einen Hochofen gekippt und auf über 1100 °C erhitzt. Dabei verbrennt der Koks den Sauerstoff, der im Eisenerz enthalten ist; es entsteht flüssiges Roheisen, das dann vom Hochofen »abgestochen« wird.

In Vordernberg, einem Städtchen *vor* dem Erzberg, gibt es noch einen alten steingemauerten Hochofen, der längst ausgedient hat. Heute sind nur mehr die modernen Hochöfen in Linz in Betrieb, wo das flüssige Roheisen in einem Konverter durch Aufblasen von Sauerstoff zu Stahl verarbeitet wird. Dieses LD-Verfahren wurde nach dem Zweiten Weltkrieg in Linz und Donawitz entwickelt und nach diesen beiden Städten benannt. Es wird heute in der ganzen Welt verwendet.

Früher verwendete man für die Befeuerung der Hochöfen Holzkohle aus den Wäldern der Steiermark; jetzt nimmt man Steinkohle, die aus weit entfernten Bergwerken in Tschechien, Polen und aus der Ukraine angeliefert wird. Eisenerz findet sich in Österreich nicht nur am Erzberg, sondern auch in Kärnten, aber beide Vorkommen sind erschöpft oder unwirtschaftlich geworden. Heute kommt das Eisenerz aus Schweden, Brasilien und der Ukraine und wird auf der Donau nach Linz verfrachtet.

Nach einer alten Sage gab ein guter Geist den Steirern die Wahl: Gold für ein Jahr, Silber für 100 Jahre oder Eisen für immer. Sie wählten das Eisen und haben damit eine gute Wahl getroffen.

Die Voisthaler und die Preintaler

Das Voistal ist ein unbedeutendes Tal westlich des Schneebergs in Niederösterreich; das Preintal liegt gleich daneben, unterhalb des Gippels. Von Bedeutung wurden sie nur als Namensgeber zweier alpiner Vereine, den Voisthalern und den Preintalern, die beide um 1883 von Wiener Alpinisten gegründet wurden. Da war die »Eroberung« der Westalpen längst in vollem Gang, das Matterhorn wurde 1865 erstmals bestiegen, aber in den Ostalpen fanden sich noch unerschlossene Gebiete.

Da war zum Beispiel der Hochschwab (zwischen Bruck an der Mur und Mariazell). Er ist mit seinen 2277 m nicht besonders hoch, ist aber ein unwegsames Kalkplateau mit steilen Abstürzen und ist bei Schlechtwetter und im Winter sehr gefährlich. Die nur 35 Mitglieder der Voisthaler bauten dort aus eigenen Mitteln die Voisthalerhütte und die Sonnschienhütte, markierten Anstiege und Steige und sicherten sie an besonders gefährlichen Stellen mit Leitern und Seilen.

Die Alpine Gesellschaft der Preintaler, ein Verein, der auch nur wenige Mitglieder zählte, erschloss die Schladminger Tauern und erbaute die Preintalerhütte, die Wödlhütte und die Gollinghütte; diese Schutzhütten liegen knapp unter der Baumgrenze und bieten den Bergsteigern ein Dach über dem Kopf, mit einfacher Verpflegung samt billiger Übernachtung auf Matratzenlagern.

Die höchsten Gipfel der Schladminger Tauern sind der Hochgolling (2862 m) und die Hohe Wildstelle (2747 m). Dazwischen liegen in der arktischen Landschaft eines ehemaligen Gletscherbodens die 27 Bergseen des Klafferkessels.

Vom Steyr-Baby zum Chrysler 300

Johann Puch, ein gebürtiger Untersteirer aus Pettau (Ptuj), gründete 1899 die Puchwerke in Graz: eine Fahrrad-, Auto- und Motorenfabrik. Sie wurde 1926 mit den Daimler-Werken, 1934 mit der Steyr AG zur Steyr-Daimler-Puch AG fusioniert, die das »Steyr-Baby« (einen von Ferdinand Porsche vor dem VW entwickelten »Käfer«) und den »Steyr 220« (eine elegante Limousine) herausbrachte. Im Weltkrieg wurden die Puchwerke durch das Werk Thondorf (bei Graz) erweitert. Nach dem Krieg wurden in den Puchwerken nur mehr der »Puch 500« erzeugt, eine Variante des »Fiat Topolino«, der etwas größere »Puch 600«, und die Geländewägen »Haflinger« und »Pinzgauer«. Die Firma wurde 1998 vom kanadischen Konzern Magna übernommen (der von einem nach Kanada ausgewanderten Steirer, Frank Stronach, gegründet wurde) und montiert jetzt im Auftrag von Daimler-Benz Geländewagen und Luxuskarossen. Die ehemalige Lkw-Fabrik in Steyr in Oberösterreich wurde an BMW verkauft, die dort jetzt Getriebe und Motoren herstellen.

Auf dem früheren Flugplatz in Aspern im 22. Wiener Gemeindebezirk baute General Motors schon in den Achtzigerjahren eine Motoren- und Getriebefabrik. Und im Werk der ehemaligen Austro-Daimler in Floridsdorf (im 21. Bezirk) baut jetzt MAN schwere Lkws.

Wenn es auch eine österreichische Produktion von Automobilen unter eigener Flagge nicht mehr gibt, so deckt die Ausfuhr von Motoren, Getrieben und hier montierten Automobilen die Einfuhr von etwa 300 000 Pkws pro Jahr. Damit ist die wirtschaftliche Bilanz ausgeglichen und zehntausende Arbeitsplätze sind gesichert.

Hoch vom Dachstein an ...

Jedes Bundesland hat seine eigene Hymne und die steirische beginnt so: »Hoch vom Dachstein an, wo der Aar noch haust, bis zum Wendenland am Bett der Sav', und vom Alptal an, das die Mürz durchbraust, bis ins Rebenland im Tal der Drav': Dieses schöne Land ist der Steirer Land ...« – Der Dachstein ist der höchste Berg der Steiermark (2996 m), und als Kinder haben wir uns immer gewünscht, dass doch jemand einen 4 m hohen Turm auf seinem Gipfel errichten möge, damit auch die Steiermark einen »Dreitausender« hätte; Aar ist ein altes Wort für Adler; mit dem Wendenland im Tal der Save sowie dem Rebenland im Tal der Drau ist die Untersteiermark gemeint, die 1918 an Jugoslawien abgetreten werden musste, jetzt Štajersko heißt und zu Slowenien gehört.

Die Wenden (die »Windischen«) sind die slawischen Einwohner dieser Gegend. Die deutschen Siedler kamen erst später und besiedelten vorwiegend die Städte, die Landbevölkerung blieb slowenisch. 1945 wurden die letzten Deutschen aus der Untersteiermark vertrieben.

Am Hauptplatz von Graz erinnert ein mächtiges Denkmal an Erzherzog Johann. Er war *der* Förderer der Steiermark, gründete das Landesmuseum Joanneum, die Steiermärkische Sparkasse, die Grazer Technische Hochschule und vieles mehr. Verheiratet war er mit einer »Bürgerlichen«, der Postmeisterstochter Anna Plochl. Sein Denkmal ist von vier Frauenfiguren umgeben, die steirische Flüsse darstellen: die Mur, die Enns, die Drau und die Sann (Savinja). Die beiden letzteren fließen durch die Untersteiermark.

Personenregister

ISBN: 978-3-8000-7298-9

UEBERREUTER